재밌어서 밤새 읽는

# 국보
## 이야기

### 2

재밌어서 밤새 읽는

# 국보
# 이야기
## 2

잃어버린 보물을 찾아서

**이광표** 지음

더숲

일러두기

1. 2024년 5월부터 문화재 체제가 국가유산 체제로 변경되는 〈국가유산기본법〉이 시행됨에 따라 이 책에서도 '문화재'를 '문화유산'으로 바꾸어 표기하고, 현재의 '문화재청'은 '국가유산청'을 괄호 안에 넣어 병기하였습니다. 단, 당시 상황을 서술하는 문장에서는 '문화재청'으로 표기하였습니다.
2. 이 책에 실린 사진의 출처는 책의 말미에 있는 '국보 및 문화유산 사진 목록'에 사진이 실린 쪽수와 함께 밝혀두었습니다.
3. 독자들에게 좀 더 다양한 정보를 제공하기 위해 제2권의 맨 뒤에 '국보 목록'을 실었습니다. 이 책에 실린 국보의 경우 국보 목록에 해당 쪽수를 표기했습니다.

# 머리말


2023년 한 해 동안 국립중앙박물관을 찾은 관람객이 418만 명을 넘었다. 국립중앙박물관을 비롯한 13개 소속 박물관(국립경주박물관, 국립전주박물관, 국립부여박물관 등)의 전체 관람객 수는 1,047만 명이었다. 2023년 서울의 4대 궁궐(경복궁, 창덕궁, 창경궁, 덕수궁)과 종묘, 조선 왕릉을 찾은 관람객은 1,419만 명이었다. 박물관과 궁궐·왕릉 모두 관람객 최다 신기록을 세운 것이다. 요즘 박물관과 궁궐에 가면 남녀노소, 한국인·외국인 가릴 것 없이 늘 사람들로 붐빈다. 박물관과 궁궐은 이렇게 우리 시대의 가장 '핫'한 문화여가 공간으로 자리 잡았다.

이처럼 문화유산에 대한 관심이 부쩍 높아졌다. 박물관과 미술관을 찾는 사람도 많이 늘었고 문화유적을 답사하거나 문화유산에 대해 이런저런 공부를 하는 사람도 많아졌다. 문화유산에 대한 관심은 사회가 발전하고 경제 여건이 나아지면서 나타나는 현상이다. 그래서 문화유산과 박물관을 즐기는 트렌드를 '선진국형 문화'라고 부르기도 한다.

2024년 5월부터 국가유산이란 개념이 도입된다. 국가유산은 크게 문화유산·무형유산·자연유산으로 나뉜다. 이 책에서 다루는 것들은 대부분 유형(有形)의 문화유산에 해당한다. 문화유산은 정부나 지방자치단체가 국보, 보물, 사적 등으로 지정해 관리한다. 국보는 우리 전통문화유산 가운데 최고의 명품으로 꼽히는 것들이다. 따라서 국보는 전통문화의 상징이기도 하다.

문화유산이라고 하면 고리타분하고 어렵다고 생각하는 사람들이 적지 않다. 문화유산을 과거의 박제화된 흔적으로만 여겨 진정한 가치를 제대로 향유하지 못하기 때문이다. 문화유산 하나하나의 내력과 의미를 알고 나면 이보다 더 흥미진진하고 생생한 이야깃거리가 어디 있을까 하는 생각이 들 것이다. 그건 옛 사람들의 삶을 이해하고 그들의 뛰어난 문화예술을 경험하는 것이기도 하다.

국보와 문화유산의 흥미로운 세계로 독자 여러분을 안내하기 위해 《재밌어서 밤새 읽는 국보 이야기》를 썼다. 이 책을 통해 국보를 중심으로 우리 문화유산의 이모저모를 흥미롭고 입체적으로 소개하려고 한다.

먼저 1권 '몰라서 알아보지 못했던 국보의 세계'에서는 국보를 둘러싼 갈등과 논란, 여러 국보에 담겨 있는 아름다움과 감동적인 스토리, 국보에 얽힌 다채로운 미스터리를 다룬다. 2권 '잃어버린 보물을 찾아서'에서는 국보에 관련된 각종 사건사고(도난, 훼손, 조작 등), 국보의 보수·보존과 복원, 국보급 문화유산의 해외 유출과 귀환, 국보와 문화유산을 기증한 사람들의 스토리 등을 살펴본다.

이처럼 다채로운 내용을 통해 문화유산의 의미와 가치를 이해하고 그 매력과 감동에 빠져보길 기대한다. 조금만 더 신경을 쓰고 찬찬히 들여다보면 문화유산이 훨씬 더 매력적으로 다가올 것이다. 나태주 시인은 〈풀꽃〉이란 시에서 "자세히 보아야/예쁘다//오래 보아야/사랑스럽다"고 노래했다. 우리 문화유산도 그렇다.

2024년 봄

이광표

# 차례

## 제4장 국보를 기증한 사람들

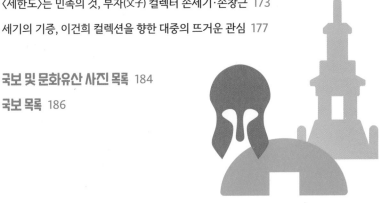

제1장

# 국보의 수난,
# 문화유산 도난과 조작

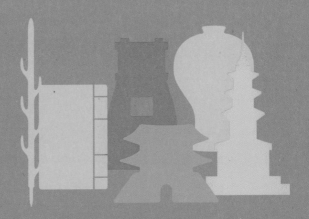

# 기상천외한
# 국보 도난 사건

△ ⌂ ▢ ▭ 01

## 무참히 털린 국립공주박물관

2003년 5월, 충남 공주시 국립공주박물관에 전시 중이던 국보 공주 의당 출토 금동(관음)보살입상(金銅觀音菩薩立像)이 도난당하는 충격적인 사건이 발생했다. 국립공주박물관 국보 불상 강탈 사건은 범인들의 대담한 범행으로 온 나라를 발칵 뒤집어 놓았다.

2003년 5월 15일 밤 10시 25분경, 충남 공주시 국립공주박물관 당직실에 30대의 복면 괴한 두 명이 침입했다. 이들은 칼과 전기충격기로 당직을 서고 있던 학예연구사를 위협해 눈과 입을 가린 뒤 1층 전시실로 뛰어 들어갔다. 이어 진열장의 유리를 깨고 국보인 공주 의당 출토 금동보살입상과 고려 상감청자 두 점, 조선 분청사기 한 점을 훔쳐 달아났다.

당직자는 당직실 옆의 철제문을 내리지 않아 괴한의 침입에 무방비였다. 건물 밖에 있는 청원경찰 역시 범인들의 침입을 전혀 눈치채지 못했다. 국보가 전시되어 있는 전시실엔 CCTV조차 없었다. 범인을 잡고 무사히 유물을 되찾긴 했지만 당시의 공주박물관 보안이 얼마나 허술했는지를 보여주는 단적인 사례였다.

공주 의당 금동보살입상

## 연기처럼 사라졌다
## 돌아온 고구려 불상

국내에서 발생한 희대의 도난 사건으로는 아마도 국보 금동연가7년명 여래입상(金銅延嘉七年銘如來立像) 도난을 들어야 할 것이다. 1967년 10월 24일 오전 10시 30분경, 서울 덕수궁미술관 2층 전시실(지금의 덕수궁 석조전). 한 경비원이 유리 진열장 속에 있어야 할 고구려 불상이 사라지고 한 장의 메모만 덩그러

금동 연가7년명 여래입상

니 들어 있는 것을 발견했다. 메모의 내용은 이러했다.

'문화재관리국장께 직접 알리시오. 오늘밤 12시까지 돌려주겠다고. 잠시 후 11시에 국장께 연락하겠소.'

문화재관리국(현재의 문화재청)과 경찰이 발칵 뒤집혔다. 범인은 그 뒤 오전 11시 30분, 오후 3시, 오후 6시에 문화재관리국장에게 전화를 걸어 "밤 12시에 돌려주겠다"는 말만 남기곤 일방적으로 끊어버렸다. 수사는 갈피를 잡지 못하고 시간만 계속 흘렀다. 밤 11시, 문화재관리국장의 집 전화 벨이 요란하게 울렸다. 범인의 목소리가 들려왔다.

"한강철교 제3교각 16, 17번 침목 받침대 사이 모래밭에 불상을 갖다놓았으니 거기 가서 찾아가시오."

모두들 한강철교 밑으로 달려갔고, 불상은 거기 무사히 있었다. 그러나 범인은 영영 잡지 못했다.

## 위기일발의 연속, 신라 금관

전시 중인 문화유산 도난 사건은 일제강점기였던 1927년으로 거슬러 올라간다. 1927년 11월 10일 밤, 경주박물관에 침입한 범인은 금관총에서 출토된 순금 허리띠와 장식물(국보 금관총 금제 허리띠) 등 금제 유물을 몽땅 털어갔다. 그런데 신기하게도 금관에는 손도 대지 않았다. 6개월이 지났건만 수사에 진전은 없고 사건은 미궁으로 빠져들었다.

그러던 중 1928년 5월 어느 날 새벽, 경주경찰서장 관사 앞을 지나던 한 노인이 이상한 보따리 하나를 발견했다. 열어보니 찬란한 황금빛 유물, 바로 그 도난품들이었다. 하지만 범인은 이미 종적을 감춘 뒤였다.

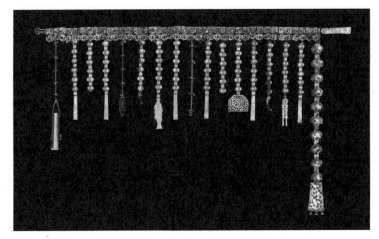

금관총 금제 허리띠

이때 화를 면했던 금관총 출토 금관(국보 금관총 금관 및 금제 관식)은 1956년 결국 수난을 겪고 말았다. 국립경주박물관에 또다시 범인이 침입했다. 범인은 1927년과는 정반대로 다른 금제 유물엔 손도 대지 않고 금관총 출토 금관 한 점만 훔쳐갔다. 그러나 천만다행으로 그건 모조품이었다. 금관총 출토 금관은 그렇게 극적으로 살아남았다.

## 그치지 않는 국보의 수난

이 외에도 국보 도난 사례는 적지 않다. 1965년엔 경남 밀양시 표충사에 보관 중이던 국보 표충사 청동 은입사향완(表忠寺靑銅銀入絲香埦)이, 1967년엔 충남 아산시 현충사에 있던 국보 《이순신 난중일기(亂中日記)》가, 1974년엔 전남 순천시 송광사에 있던 국보 목조삼존불감(木彫三尊佛龕)이 도난당했다. 모두 범인을 잡고 문화유산을 되찾기는 했지만 1950~1970년대는 국보 수난 시대였다고 할 만하다.

국보는 아니지만 문화유산 도난 사건은 1990년대 이후 다시 기승을 부리기 시작했다. 1993년 12월 서울 세종문화회관에서 전시 중인 《월인석보(月印釋譜)》 목판본(1568년판)이 도난당했다. 1993년 11월 서울 성신여대 박물관은 두 차례에 걸쳐 조선시대 그림과 고려청자 등을 털렸다. 문화유산 도난 사건은 이외에도 비일비재하다.

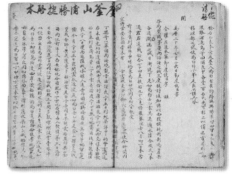

표충사 청동 은입사향완                    《이순신 난중일기》

### 행방불명된 국보가 있다?!

358건의 국보 가운데 현재 어디에 있는지 그 위치를 확인할 수 없어 행방이 묘연한 국보가 있다. 도난당한 뒤 아직까지 찾지 못하고 있기 때문이다.

그 비운의 문화유산은 조선 시대 명필이었던 안평대군(安平大君, 1418~1453)의 글씨첩인 국보 〈소원화개첩(小苑花開帖)〉이다. 안평대군은 세종의 셋째 아들이다. 큰형은 문종이고 둘째 형이 수양대군 세조다.

안평대군은 문화예술에 관심이 많았고 재주가 출중했던 인물이었다. 어려서부터 학문을 좋아하고 시, 글씨, 그림에 모두 뛰어나 15세기의 대표적인 시서화 삼절(三絶)로 꼽혔다. 특히 글

안평대군의 〈소원화개첩〉

씨를 잘 써 당대의 명필로 불렸다. 아울러 문화예술에 대한 안목과 열정에 힘입어 세종 시대 문화예술계의 좌장 역할을 했다.

안평대군은 화가 안견의 후원자이자 비평가로도 활약했으며, 자신의 꿈 내용을 안견에게 얘기해 〈몽유도원도(夢遊桃源圖)〉를 그리도록 함으로써 명작의 탄생을 이끌어냈다. 또한 안평대군은 우리 역사에서 최초의 본격적인 수집가(컬렉터)이기도 하다.

단종 즉위 이후엔 김종서, 황보인 등과 교유하면서 수양대군과 권력을 다투었으나 수양대군의 막강한 권력투쟁 욕구를 능가할 수는 없었다. 수양대군이 계유정난을 일으켜 권력을 잡자 안평대군은 반역 세력으로 몰려 강화도로 유배되었고, 그곳에서 삶을 마감했다.

안평대군의 〈소원화개첩〉은 가로 16.5센티미터, 세로 26.5센티미터 크기의 비단에 행서(行書) 56자를 써넣은 것이다. 활달하면서도 반듯한 안평대군 글씨의 전형을 보여주는 명품이다. 〈소원화개첩〉이 도난당한 것은 2001년 1월 초 어느 날 밤. 서울 동대문구의 한 아파트에 사는 소장자가 경기 고양시에 있는 아들 집을 다녀오느라 집을 비운 사이, 도둑이 들어 〈소원화개첩〉을 비롯해 문화유산 100여 점을 털어 도주했다.

22년이 흐른 2024년 현재, 범인은커녕 작품이 어디에 있는지조차 파악하지 못하고 있다. 한때 누군가가 서울 동대문구 장안동 골동상에 나타나 〈소원화개첩〉을 내놓겠다고 해서 다시 찾을 수 있을 거라 기대했으나 무산되고 말았다.

경찰은 범인이 외국으로 유출해 불법으로 매매할 것에 대비해 2010년 9월 인터폴을 통해 〈소원화개첩〉에 대해 국제 수배령을 내렸다. 범인을 잡지 못한다고 해도 이 명품이 훼손되지 않고 국내에 남아 있다는 사실만이라도 확인할 수 있다면 좋을 텐데, 참으로 안타깝고 답답한 상황이 계속되고 있다.

# 빈번한 문화유산 도난,
# 회수율은 10~20퍼센트에 그쳐

2

△ ∩ □ _____

문화유산 도난 사건은 박물관, 사찰, 개인의 집 등 가리지 않고 곳곳에서 발생한다. 그런데 놀라운 것은 유명 박물관에서 도난 사건이 일어난다는 사실이다. 어떻게 이런 일이 발생할 수 있을까 싶지만 문화유산 도난 사건은 의외로 빈번하다. 국내에서의 문화유산 도난은 매년 20여 건, 1,000여 점에 달한다. 그러나 회수율은 10~20퍼센트 정도에 불과한 실정이다. 대부분은 경찰이나 문화유산 당국이 도난범을 붙잡아 문화유산을 되찾는다.

### 범인은 사라지고 문화유산만 돌아오다

문화유산이나 미술품을 도난당하면 범인을 잡는 것도 시급하지만 도난당한 작품을 무사히 찾는 것이 가장 중요하다. 실제로 범인을 잡지 못해도 문화유산이 돌아오는 경우가 종종 있다. 수사망이 좁혀오면서 불안하고 다급해진 범인들이 도난한 문화유산을 돌려주고 사라지는 것이다.

앞에서 살펴봤듯이 2003년 국립공주박물관에서 강탈당한 국보 공주 의당 금동보살입상은 사건 발생 11일 만에 무사히 되찾았다. 범인 두 명 중 한 명을 붙잡은 경찰은 휴대전화 메시지를 통해 도난 문화유산을 지니고 있는 공범 한 명을 집요하게 설득했다. 공범은 경기 용인시 명지대 인근의 한 우유대리점 앞 화분에 국보를 갖다놓은 뒤 이 사실을 경찰에 알렸다. 2003년 5월 26일 0시 30분경, 경찰은 그곳에서 무사히 국보를 회수했다.

4일 뒤인 5월 30일 새벽, 공범은 경찰에 다시 전화를 걸어 나머지 문화유산 세 점을 돌려주겠다고 했다. 경찰은 범인의 말에 따라 곧바로 대전 호남고속도로 유성IC 인근의 공중전화 부스 옆에서 가방에 들어 있는 문화유산 세 점을 찾을 수 있었다.

1967년 연기처럼 사라졌던 국보 금동 연가7년명 여래입상도 이런 식으로 범인이 지정한 장소에 가서 찾아왔다.

위의 사례처럼 훔친 문화유산을 제3의 장소에 갖다놓고 사라지는 경우가 적지 않은데, 1927년 경주박물관에서 도난당한 금관총 출토 순금 허리띠와 장식물이 경주경찰서장 관사 앞에서 발견된 것도 바로 그러한 예다. 2003년 9월엔 6년 전 도난당한

울산 석남사의 〈지장보살도(地藏菩薩圖)〉가 경남 양산 통도사 성
보박물관 앞에서 발견되기도 했다.

　우편이나 탁송으로 돌려보내는 경우도 있다. 1991년 3월 서
울의 조계종 총무원에 화물 탁송 편으로 동종(銅鐘) 하나가 배달
되었다. 그건 1987년 12월 31일 도난당했던 전북 고창군 선운
사의 동종이었다. 왼손으로 서툴게 쓴 듯한 편지 한 통도 함께
배달되었다. 그 편지의 내용이 흥미롭다. '종을 훔친 후 매일 밤
꿈에 보살이 나타났고 그 꿈에 감복해 이 종을 돌려보낸다'는
내용이었다. 범인은 꿈에 감복했다고 적었지만 그건 감복이 아
니라 두려움이었을지도 모른다.

# 해외 유명 박물관도
# 안전하지 않다?

△ ⌒ □ _____

## 전 세계 문화유산과 미술품 도난 사건
## 매달 약 1,200건 발생

2019년 11월 25일, 독일 드레스덴의 그뤼네 게뷜베 박물관에서 도난 사건이 발생했다. 도난당한 전시품은 18세기 작센왕국 보석공예품 3세트 90여 점. 돈으로 환산하면 1조 3,000억 원대에 달한다고 한다. 박물관의 CCTV 영상을 보니, 2인조 강도는 창문을 통해 박물관에 침입한 뒤 도끼로 진열장을 깨고 손을 넣어 손에 잡히는 것들을 훔쳐갔다.

사람들은 이를 두고 "영화 같다"고 한다. 과연 그럴까. 영화였다면 범인들은 문화유산과 미술품을 어떻게 훔쳐 갔을까. 박물관의 도면을 입수해 첨단 보안장치 위치를 파악하고 비밀번호를 추리할 것이다. 경비직원들의 근무 시간과 특성을 파악해 내부 진입에 성공한 뒤 감시 전자파를 요리조리 피해가며 전시실로 접근해갈 것이다. 그런 다음 진열장의 유리를 소리 없이 순식간에 자를 수 있도록 초강력 다이아몬드 절단기를 꺼내들 것이다.

그런데 그뤼네 게뷜베 박물관 도난 사건은 영화와는 전혀 달랐다. 강도들은 캄캄한 전시실에서 도끼로 진열장을 깼을 뿐이다. 가장 단순하고 아날로그적인 강도 수법이다. 박물관이 그 정도로 허술해도 되는 곳인지, 아니면 범인들이 대담한 것인지 잘 모르겠다. 2003년 국립공주박물관 도난사건과 흡사하다.

문화유산과 미술품 도난 사건은 외국에서도 빈번하게 발생한다. 우리나라를 포함해 전 세계에서 발생하는 문화유산과 미술품 도난 사건은 매달 약 1,200건이라는 통계도 있다. 도난 문화유산과 미술품의 불법 거래 규모는 매년 약 170억~200억 달러에 이른다고 한다.

문화유산과 미술품을 노리는 범인들의 주된 목적은 돈이다. 훔친 작품을 팔아 큰돈을 벌고자 한다. 그렇기에 유명한 문화유산이나 유명한 작가의 작품에 눈독을 들인다. 빈센트 반 고흐, 파블로 피카소, 후앙 미로, 마르크 샤갈과 같은 유명 작가의 작품이 많이 도난당한 것도 이런 까닭에서다.

## 〈절규〉의 수난, 올림픽과의 악연

2004년 8월 에드바르트 뭉크(1863~1944)의 〈절규〉가 도난당하는 사건이 발생했을 때, 영국의 일간지 「인디펜던트」는 "역대 명화 절도 사상 가장 대담했다"고 평했다. 그렇지만 어찌 보면 어이없는 도난 사건이라고 말할 수 있을 것 같다.

아테네 올림픽이 한창이던 2004년 8월 22일 오전 11시경, 노르웨이 수도 오슬로의 뭉크 미술관. 관람객으로 북적이는 전시실에 복면을 한 두 명의 무장 괴한이 들이닥쳤다. 한 사람은 총으로 미술관 보안요원을 위협했고 다른 한 사람은 벽에 걸린 뭉크의 작품 〈절규〉와 〈마돈나〉를 잡아당겨 철사줄을 뜯어냈다. 30여 명의 관람객들은 놀라서 그저 멍하니 쳐다볼 뿐이었다. 범인들은 그림을 들고 유유히 걸어나가 미리 대기해놓은 아우디 A6 승용차를 타고 도주했다.

범행 장면은 CCTV에 포착되었고 그 장면은 언론을 통해 공개되었다. 어이없이 도난당하는 모습을 지켜본 전 세계 미술 애호가들은 충격을 감추지 못했다. 도난 직후, 한 낙태반대운동 단체가 "자신들의 범행"이라고 주장하면서 "노르웨이 정부가 낙태금지정책을 발표하면 그림을 돌려주겠다"고 밝히기도 했다.

두 작품의 그림틀(액자)은 오슬로 거리에서 부서진 채 발견되었다. 노르웨이 경찰은 이듬해 범인들을 체포했으나 그림을 찾지는 못했다. 이후 1년의 시간이 더 흐르고 뭉크 미술관은 2006년 그림을 회수했다. 〈마돈나〉는 화면이 일부 손상되었지만 그림의 상태는 비교적 양호했다. 2004년 도난 당시 뭉크 미술관이 추정한 두 작품의 가격은 모두 1,900만 달러. 그러나 시장에 나올 경우 〈절규〉는 7,500만 달러, 〈마돈나〉는 2,500만 달러에 이른다는 것이 당시 전문가들의 견해였다.

뭉크 작품 〈절규〉의 수난은 여기에 그치지 않는다. 또 다른 〈절규〉가 도난당한 적이 있기 때문이다. 뭉크가 1893~1894년에 그린 〈절규〉는 모두 4점으로, 뭉크 미술관에 2점, 노르웨이 오슬로 국립미술관에 1점이 소장되어 있고 나머지 1점은 개인이 소유하고 있다. 그 가운데 오슬로 국립미술관 소장 〈절규〉가 1994년 2월 릴리함메르 동계올림픽 기간에 도난당한 적이 있다. 1994년 당시에도 한 낙태반대운동 단체가 "낙태 실태에 관한 영화를 TV로 방영하면 그림을 되돌려주겠다"고 주장한 적이 있었다. 이 작품은 3개월 후, 오슬로 외곽의 한 호텔에서 종이에 싸인 채 발견되었다.

10년의 시차를 두고 발생한 두 사건에는 유사점이 많다. 모두 올림픽 기간 중에 도난당했다는 점, 낙태반대운동 단체들이 개입되었을 가능성이 있다는 점, 감시 카메라에 도난 장면이 찍혔다는 점 등 우연으로 치부해버리기엔 공통점이 너무나 많다.

〈절규〉 4점 가운데 개인이 소장하고 있는 작품은 2012년 5월 뉴욕 소더비 경매에서 1억 1,992만 2,250달러에 낙찰된 바 있다. 당초 예상했던 8,000만 달러를 뛰어넘는 것으로, 당시 미술품 경매 세계 최고가를 기록했다.

## 〈모나리자〉의 수난,
## 루브르 박물관의 치욕

철벽 보안을 자랑할 것 같은 프랑스 루브르 박물관에서도 도난 사건이 있었다. 그것도 레오나르도 다빈치의 〈모나리자〉가 털렸다는 점에서 더욱 충격적이다.

루브르 박물관 휴관일이었던 1911년 8월 21일. 이날 아침 한 청년이 전시실 벽에 걸린 〈모나리자〉를 떼어 유유히 전시실을 걸어나갔다. 경비원들은 박물관 직원이 사진을 찍기 위해 작품을 떼가는 것으로만 생각했다. 전시실의 1차 관문을 통과한 범인은 계단으로 숨어 들어갔다. 거기서 액자를 뜯어내고 그림을 둘둘 말아 옷에 감춘 뒤 박물관을 빠져나갔다.

범인은 2년 뒤인 1913년 11월 이탈리아의 피렌체에서 경찰에 붙잡혔다. 놀랍게도 20대의 이탈리아 청년이었다. 그런데 그가 밝힌 범행 동기가 매우 놀라웠다. "〈모나리자〉를 조국의 품으로 돌려주려고 했다. 이탈리아의 문화유산과 미술품을 약탈해 간 나폴레옹에 대해 복수하고 싶었다." 그러나 〈모나리자〉는 약탈당한 것이 아니다. 말년의 다빈치는 1516년 프랑스 앙부아즈 지역으로 이주해 작품 활동을 했다. 그때 〈모나리자〉를 프랑스로 가져갔고 자신을 후원하는 프랑스 왕 프랑수아 1세에게 그림을 넘겼다. 〈모나리자〉는 이렇게 정상적인 과정을 거쳐 프랑스 소유가 되었다.

경찰에 붙잡힐 무렵, 범인은 피렌체의 한 고미술상과 거래를 진행하고 있었다. 자신에게 거액을 주면 피렌체의 우피치 미술관에 〈모나리자〉가 걸릴 수 있도록 해주겠다고 협상 조건을 내걸었다. 치기 어린 영웅심의 발로라고 할까. 어쨌든 〈모나리자〉는 1913년 12월 31일, 루브르 박물관으로 무사히 돌아왔다.

1998년 5월, 루브르 박물관은 또다시 치욕을 겪어야 했다. 박물관에 침입한 범인은 인상파 화가 장 바티스트 카미유 코로의 그림 〈세브르의 길〉을 캔버스째 오려내 연기처럼 사라졌다. 루브르 박물관 측이 "최첨단 도난방지 장치를 가동해 더 이상의 도난은 없을 것"이라고 호언한 직후였다.

## 기상천외한 수법과
## 카이로 국립박물관의 도난 미수 사건

미술품 도난 수법은 대담하고 때로는 기상천외하다. 2020년 3월 네덜란드의 싱어 라런 미술관에서 빈센트 반 고흐의 〈봄의 뉘넌 목사관 정원〉이 도난당했다. 싱어 라런 미술관에서 일어난 도난 사건을 보면, 범인은 코로나19로 인해 휴관 중이던 미술관의 정문 유리를 부수고 침입해 작품을 훔쳐갔다.

1990년 3월 미국 보스턴의 이사벨라 스튜어트 가더드 박물관에선 경찰 복장으로 위장한 범인들이 에두아르 마네, 반 라인 렘브란트, 에드가 드가의 그림을 챙겨 달아났다. 1990년 캐나다 토론토의 한 화랑에선 범인들이 경보망을 피해 아예 벽을 뚫고 들어가 피카소의 작품을 훔쳐가는 대담한 범행을 저지르기도 했다.

문화유산을 훔치려다 미수에 그친 사건도 있었다. 1996년 9월 이집트의 카이로 국립박물관, 20대 청년이 박물관 개장 직후 투탕카멘의 황금 보검을 양말 속에 감추어 나오다 현관에서 붙잡혔다. 경찰 조사 결과, 그는 전날 관람객으로 가장해 박물관에 들어간 뒤 전시대 밑에 숨었다. 밤이 되자 밖으로 나온 그는 드라이버로 투탕카멘 보물 진열장 유리 뚜껑을 열고 황금 보검을 양말 속에 넣었다. 휴대하기 쉬운 작은 유물 20여 점은 나중에 찾아갈 요량으로 화장실에 숨겨놓았다. 그러곤 다음날 아침 박물관 밖으로 나오다 덜미를 잡힌 것이다.

경찰에서 밝혔던 범인의 말이 충격적이었다.

"박물관은 일단 폐장하고 나면 간섭하는 사람이 아무도 없어 물건을 훔치기에 너무 편하다. 가정집을 터는 것보다 훨씬 쉬웠다. …이번 실패는 아마도 '파라오의 저주' 때문인 것 같다."

# 거북선 총통 사건으로 본
# 가짜 문화유산
# 발굴 조작의 전말

## 한국 문화유산 역사 초유의 사기극

우리 주변에서 만나는 문화유산 가운데에는 가짜가 적지 않다. '문화유산은 돈이 된다'는 생각에 사로잡힌 사람들이 가짜를 만들어 시장에 내다팔기 때문이다. 다행히 국보에는 가짜가 거의 없다. 문화유산 각 분야의 전문가들이 모여 수차례의 심의를 거쳐 국보로 지정하기 때문에 가짜가 파고들 여지가 거의 없다. 그러나 예외가 있었다. 바로 옛 국보 274호였던 거북선 별황자 총통이다.

1992년 8월, 해군의 이충무공 해전유물발굴단은 경남 통영시 한산도 앞바다에서 거북선 총통을 발굴해내는 개가를 올렸다. 총통의 공식 이름은 귀함별황자총통(龜艦別黃字銃筒). 거북선에

장착했던 무기라는 점에서 많은 관심이 집중되었다. 획기적인 발굴이라는 평가 속에 세상이 떠들썩했다. 그리고 발굴 3일 만에 국보 274호로 지정되었다.

4년이 채 지나지 않은 1996년 6월. 이 총통은 가짜이고 총통 발굴은 조작된 것으로 밝혀졌다. 진급에 눈이 먼 한 해군 대령이 골동상과 짜고 가짜 총통을 만들어 한산도 앞바다에 빠뜨린 뒤 진짜인 것처럼 속여 건져낸 것이다. 한국 문화유산 역사에 있어 초유의 사기극이었다.

가짜라는 단서는 한 달 전인 1996년 5월 검찰에 의해 포착되었다. 광주지방검찰청 순천지청은 수산업자인 홍모 씨를 조사하던 중 "국보 274호 별황자총통은 가짜다"라는 충격적인 이야기를 들었다.

검찰은 곧바로 문제의 별황자총통을 발굴했던 해전유물발굴단장 황모 대령을 은밀하게 불렀다. 검찰에 불려온 황 대령은 "나도 그런 소문을 듣긴 했다. 그러나 해군의 명예를 생각해 덮어주면 좋겠다"며 범행 사실을 부인했다. 그런데 황 대령은 부인했지만 말의 뉘앙스에서 무언가 수상한 냄새가 묻어났다. 검찰은 직감적으로 '발굴 조작'임을 알아채고 물증을 잡기 위한 본격 수사에 착수했다.

검찰은 황 대령을 다시 소환해 자백할 것을 설득했다. "해군 사관학교 출신의 명예를 생각하라"면서 황 대령의 자존심을 건

가짜 거북선 총통

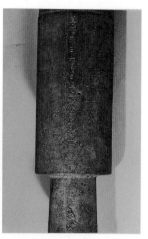

가짜 거북선 총통의 글씨

드렸지만 황 대령은 쉽게 넘어오지 않았다. 며칠간 밀고 당기기가 계속되었다.

그러던 6월 중순 어느 날, 황 대령은 결국 사실을 실토했다. 발굴 조작이 밝혀진 순간이었다. 황 대령이 홍모 씨를 통해 골동상 신모 씨로부터 총통을 넘겨받아 이것을 바다에 빠드린 뒤 발굴한 것처럼 꾸민 것이었다. 이런 불법에 돈 거래가 빠질 수는 없는 법. 황 대령은 그 대가로 신모 씨에게 돈을 건넨 것도 확인되었다.

해군은 1996년 6월 18일, 이 같은 사실을 발표했다. 관련 학계는 물론 전 국민을 충격에 몰아넣었다. 연일 이 문제가 톱뉴

스로 다뤄졌다. 범인인 황 대령과 홍 씨를 붙잡고 신 씨를 추적하는 상황이었다.

## 총통 자체가 지닌 수상쩍은 단서들

어쩌면 사건이 일단락될 수도 있었다. 그러나 사태가 이 정도에서 수습되지 않았다. 총통 자체가 가짜일 수 있다는 의문이 제기된 것이다.

우선, 보존 상태가 지나치게 양호하다는 점이 지적되었다. 바다에서 건져올린 다른 총통들은 녹이 많이 슬어 글씨를 알아보기 어려운 것이 보통이다. 그러나 이 총통에 새겨진 글씨는 요즘에 새긴 글씨처럼 너무나 선명했다.

총통에 새겨진 '龜艦黃字警敵船 一射敵船必水葬(귀함황자경적선 일사적선필수장)'이라는 문구도 수상쩍다는 지적이 나왔다. 이 문구는 '거북선의 별황자총통은 적을 놀라게 하고, 한 발만 쏘아도 적의 배를 바다에 침몰시킨다'는 뜻. 이 문구 가운데 일부 표현은 조선 시대나 임진왜란 당시에 사용하던 것이 아니었다.

대표적인 예가 '龜艦(귀함)'·'敵船(적선)'·'水葬(수장)'과 같은 단어였다. 이러한 단어는 당시의 기록에 전혀 나타나지 않거나 당시 어법으로 보아 어색한 것들이었다. 임진왜란 당시엔 거북선을 귀함이 아니라 귀선으로 불렀다. 조선 시대 군선(軍船)은 '艦(함)'으로 쓰지 않고 '선(船)'이라고 썼다.

또한 한반도에 침략해온 적군이나 적선 등은 모두 '적'으로 표기했다. 따라서 적선이란 표현은 당시의 것으로 볼 수 없다. '一射(일사)'도 마찬가지다. '射(사)'는 발사한다는 뜻이지만 그건 현대에 사용하기 시작한 것이다. 조선 시대에 사는 화살을 쏘는 것에만 사용했다. 포나 총통과 같은 화약무기의 경우엔 '방(放)'으로 표기했다.

이런 점으로 미뤄볼 때, 이 총통이 임진왜란 때의 것이 아니라 후대에 누군가가 새겨넣은 것, 즉 가짜라는 의문이 강력히 제기되었다. 이에 따라 검찰 수사는 계속 이어졌다. 결국, 이 총통을 제공했다는 신모 씨의 집에서 제작 시기가 불확실한 총통 13점과 글씨를 음각하는 도구들이 발견되었다. 가짜의 가능성이 한층 높아졌다.

그리고 며칠 뒤, 문제의 신모 씨를 붙잡았다. 집요한 추궁 끝에 신씨와 그의 사위가 함께 총통을 만들었다는 자백을 받아냈다. 신씨의 집 옥상에서 총통을 만들고 거기에 글씨를 새겨넣은 뒤 화공약품을 이용해 부식시켜 조선 시대 것으로 둔갑시켰다는 점이 드러났다.

이 사건의 경우, 총통을 정확히 고증하지도 않고 발굴한 지 사흘 만에 국보로 지정한 문화재위원들도 책임을 면할 수 없다. 당시 국보 지정 심의에 참가한 문화재위원 가운데 무기 전문가는 한 명도 없었다. 그런 상황에서 해군의 말만 믿고 회의를 열어 토론도 없이 불과 30분 만에 국보로 지정하다니 어처구니 없는 일이다.

4년 뒤인 1996년 8월 30일, 문화재위원들은 이 총통을 국보에서 해제했다. 그들이 지정해놓고 그들이 해제한 것이다. 한국 문화유산 사상 가장 부끄러운 날 가운데 하루였다.

# 어느 일본 고고학자의 27년에 걸친 구석기 유적 발굴 날조 파문

2000년 8월 말, 일본 「마이니치 신문(每日新聞)」 편집국 간부에게 이메일 한 통이 날아들었다. 도호쿠구석기문화연구소 부이사장 후지무라 신이치(藤村新一)의 구석기 유적 발굴은 날조된 것이라는 내용이었다.

날조라니, 흘려 넘기기에는 너무나 엄청난 내용이었다. 그것도 일본 고고학계에서 '신의 손'으로 불리는 후지무라가 유적을 조작했다니. 3만~5만 년 전에 머물러 있던 일본 구석기 문화 유적을 50만~60만 년 전으로 끌어올린 대표 학자가 아니던가.

편집국은 곧바로 특별 취재팀을 구성하여 각종 전문 서적과 관련 자료를 뒤지고 전문가들을 만나 의견을 들었다. 취재를 할수록 그 제보가 신빙성이 높다는 생각이 들었다.

의심이 가는 사항은 대략 이러했다. 그동안 일본 고고학사에 길이 남는 주요 구석기 유적과 유물 발굴은 모두 후지무라에 의해 이루어졌다. 즉 모두 그가 직접 찾아냈거나 그가 지시한 장소에서 발견되었고 석기는 모두 땅속의 동일한 깊이에서 발굴된 데다 깨끗했다.

「마이니치 신문」 취재팀은 후지무라와 함께 발굴에 참가한 사람으로부터 "언제나 다른 발굴단원이 쉬고 있을 때 후지무라 혼자 땅속에서 석기를 꺼내 와 유물을 발굴했다"는 이야기를 들었다.

조작에 대한 심증은 굳어졌다. 그러나 심증만으로는 부족했다. 물증이 있어야 했다. 마침 후지무라는 8월 하순부터 미야기현 가미타카 모리 등 여러 곳에서 구석기 유적을 발굴하고 있어 취재팀은 9월부터 현장 촬영에 착수했다.

취재팀은 가미타카모리 유적 등 현장 두 곳에 잠입해 후지무라의 의심스러운 행동을 사진에 담았다. 그러나 몰래 사진을 찍다 보니 먼 거리에서 촬영해야 했으므로 결정적 증거를 찾지 못했다. 취재팀은 훨씬 먼 거리를 촬영할 수 있는 비디오카메라를 이용하기로 했다.

잠복 취재를 시작한 지 두 달이 되어가는 2000년 10월 22일 새벽, 드디어 놀라운 장면을 포착했다. 후지무라 신이치가 구덩이를 파고 석기를 파묻는 장면이었다. 신문사 입장에서 보면 희대의 특종이 눈앞에 다가온 순간이었다.

하지만 엄청난 파문을 몰고 올 사건이기에 당사자의 확인 없이 보도하는 것은 상당히 위험했다. 후지무라가 계속 부인한다면, 또 오보로 판명 난다면 후폭풍이 더 거셀 것이었다. 어쨌든 당사자의 인정이 필요했다. 「마이니치 신문」은 후지무라 본인이 실토하기 전에는 보도하지 않기로 결정했다. 이제 남은 일은 당사자의 자백을 받아내는 것이었지만, 후지무라와의 접촉은 좀처럼 성사되지 않았다.

그러던 중 그해 10월 27일, 후지무라는 가미타카모리 유적에서 70만 년 전 석기와 60만 년 전 석기 등 구석기 유물 31점을 발견했다고 발표했다. 일본 언론은 "일본 구석기의 역사를 다시 썼다"라고 대서특필했다. 「마이니치 신문」 취재팀은 어이가 없었다. 후지무라와의 접촉을 서둘러야 했다.

11월 4일, 취재팀은 마침내 후지무라 신이치를 만났다. 처음 40분 동안 발굴 조작을 시인하기는커녕 자랑을 늘어놓던 그는 마지막 수단으로 비디오 화면을 보여주자 말문을 닫았다. 긴장된 침묵이 흘렀다. 이윽고 후지무라가 입을 열었다.

"전부 조작한 것은 아니다. 10월 22일 가미타카모리 유적에 석기를 묻은 것은 맞다."

다음 날인 11월 5일, 「마이니치 신문」은 1면에 '구석기 발굴 날조'라는 제목으로 톱기사를 실었고 일본 열도는 충격에 빠졌다. '70만 년 전 구석기 유적'은 전 세계 고고학계의 관심사이었던 만큼 그 파장은 컸다.

후지무라 신이치는 고등학교 졸업 후 독학으로 고고학을 배워 1972년부터 본격적으로 발굴에 뛰어들었다. 1981년 4만 년 전 구석기 유물을 발견해 당시 3만 년 전이던 일본 구석기의 연대를 1만 년 끌어올리며 최고(最古) 신기록을 세웠다. 이후 그는 구석기 유적을 발굴할 때마다 최고 신기록을 작성해 '신의 손' 또는 '석기의 신'으로 불렸다.

가미타카모리의 전기 구석기 유적이 대표적인 장소로, 그는 1992년부터 이곳의 발굴을 주도했다. 1992년 첫 발굴 때 출토 유물의 연대는 13만 년 전이었다. 그 후 추가 발굴을 할 때마다 연대가 올라갔다. 1993년에는 50만 년 전, 1995년에는 60만 년 전, 1999년에는 70만 년 전 하는 식으로 그가 손을 댔다 하면 더 오래된 유물이 쏟아져 나왔다.

신문 보도는 엄청난 파장을 일으켜 일본의 구석기 발굴 전체에 대한 재조사가 필요하다는 의견까지 제기되었다. 일본 고고학회는 2001년 일본 구석기 유적을 조사하기 시작하여 2003년 후지무라가 발굴에 관여한 180곳 유적 가운데 162곳의 구석기 유적이 날조된 것임을 확인했다. 일본의 구석기 문화는 다시 '3만~5만 년 전'으로 밀려 내려왔다.

2004년 1월 「마이니치 신문」은 후지무라와의 인터뷰 기사를 실었다. 그는 "20대 후반인 1974년경부터 구석기 유적을 날조했다"면서 "한 번 구석기 연대를 올리고 나니 더 오래된 것을 보고 싶어하는 주위의 기대가 커서 조작을 멈출 수 없었다"라고 털어놓았다.

# 국내외 문화유산 훼손, 인류의 귀중한 자산 파괴

△○□_____

## 방화로 무참히 파괴된
## 숭례문·창경궁·수원 화성

문화유산 훼손이나 파괴는 어제오늘 일이 아니다. 때로는 전쟁으로, 때로는 개인과 집단의 잘못된 욕망과 판단으로 인류의 귀중한 자산이 무참히 파괴되고 있다.

2008년 2월 10일 설 연휴 마지막 날 밤 8시 50분경, 한 시민의 방화로 국보 숭례문에 불이 났다. 대한민국 국보 숭례문(당시는 국보 1호였다)이 불길에 휩싸였다. 화재 현장은 TV를 통해 생중계되었고 국민들은 충격에 빠졌다. 소방대가 긴급 출동하고 밤 10시에서 10시 30분경 천만다행으로 불길이 잡히기 시작했다.

그런데 11시 30분경 불길이 되살아나 숭례문을 다시 집어삼

키기 시작했다. 소방대원은 우선 현판을 지키기 위해 현판을 떼냈다. 그 과정에서 육중한 무게의 현판이 땅에 떨어지기도 했다. 불길은 계속 번져 목조 문루 1층과 2층 대부분을 태워버렸다. 다음 날 아침, 불에 탄 숭례문은 처참한 모습이었다. 시민들은 숭례문 앞으로 모여들었고 국화꽃을 바치며 눈물을 흘렸다. 숭례문을 지키지 못한 안타까움의 눈물이었다.

며칠 뒤 범인이 붙잡혔다. 불을 지른 사람은 70대 노인이었다. 그는 "토지 보상가가 너무 적어 세상에 복수하고 싶었다"고 했다. 어처구니없는 이유였다. 불에 탄 숭례문은 5년간의 노력 끝에 2013년 5월 복원되었다.

이에 앞서 창경궁과 수원 화성에서도 방화 사건이 발생했다. 2006년 4월엔 창경궁의 문정전에 불이 나 문 일부를 태웠다. 2006년 5월엔 세상에 불만을 품은 한 청년이 술을 마시고 유네스코 세계유산인 수원 화성 서장대에 불을 질러 건물이 소실되고 말았다.

## 사적 삼전도비 페인트칠 테러 사건

사적 삼전도비에 대한 페인트칠 테러도 빼놓을 수 없다. 삼전도비는 1639년 병자호란 때 청나라 태종이 조선 인조의 항복을 받고 승전을 자랑하기 위해 한강 나루터 삼전도(지금의 서울 송파구 송파동)에 세운 것이다. 높이는 3.95미터, 폭 1.4미터에 제목

낙서로 훼손된 삼전도비 앞뒷면과 보수작업 모습

은 '대청황제공덕비(大淸皇帝功德碑)'로 되어 있다.

그런데 2007년 2월 초, 서울 송파구 주택가에 있던 삼전도비 표면에서 짙붉은 스프레이 글씨가 발견됐다. 누군가 붉은 스프레이를 뿌려 삼전도비 몸체의 앞뒷면에 '철거 병자 370' 'ㅈ'라고 써넣은 것이다.

며칠 뒤 붙잡힌 범인 백모(당시 48세) 씨는 경찰 조사에서 테러 동기를 대략 이렇게 밝혔다. "370년간 치욕의 역사에서…조상의 피맺힌 통곡소리를 듣는다. 현재 우리나라 위정자들의 잘못된 정치로 자칫하면 병자호란과 식민 시절처럼 외세 침략을 받아 무고한 백성이 고통받는 일이 다시 발생할 수 있다. 그래서 정치인의 각성을 촉구하기 위해 페인트를 칠했다." 다행히 삼전도비는 국립문화재연구원의 수리를 통해 원래의 모습을 되찾았다.

2023년 12월에는 경복궁 담장에 스프레이로 낙서를 한 테러가 두 차례 발생해 많은 사람의 분노를 불러일으켰다.

## 김해 구산동 고인돌 훼손

2022년 8월에는 경남 김해시의 구산동 고인돌(지석묘) 유적 훼손 사건이 발생해 사회를 떠들썩하게 만들었다. 2006년 그 존재가 알려진 구산동 고인돌은 엄청난 규모를 자랑한다. 덮개돌인 상석(上石)의 무게가 350톤이고, 고인돌을 중심으로 한 묘역 시설이 1,615제곱미터에 이르러 세계에서 가장 큰 규모의 고인돌로 평가받고 있다. 우리가 흔히 보는 고인돌은 고인돌 자체만 존재하는 경우가 많다. 그런데 구산동 고인돌은 주변에 대규모의 묘역(墓域) 시설까지 갖추었다는 점에서 특별한 주목을 받았다.

김해시는 2022년 12월부터 구산동 고인돌 유적의 복원·정비 사업을 시작했다. 구산동 고인돌은 경상남도 문화유산이기 때문에 복원정비사업을 하려면 경남문화재위원회의 승인을 받아야 한다. 하지만 김해시는 이러한 절차를 밟지 않고 무단으로 공사를 진행했다. 김해시가 법과 절차를 어긴 것이다.

그 과정에서 고인돌 주변의 땅을 굴착해 유적을 훼손했다. 이렇게 되면 고인돌 주변 땅속에 남아 있던 청동기 시대의 흔적이 파괴되거나 교란될 수밖에 없다. 특히 저수조, 경계벽 등을 설치하기 위해 굴착한 곳은 땅속의 흔적이 상당 부분 파괴된 것으로 확인되었다. 김해시는 이전에도 묘역을 표시하는 박석(얇고 넓적한 바닥돌)을 무단으로 들어내 훼손 지적을 받은 바 있다.

## 탈레반 정권, 다이너마트를 동원한 바미안 석불 파괴

21세기 해외에서 자행된 문화유산 파괴 가운데 가장 대표적인 사건으로는 탈레반의 바미안 석불 파괴를 들 수 있다. 바미안 석불은 아프가니스탄 바미안주의 힌두쿠시 산맥에 조성된 대형 석불이었다. 3~4세기에 절벽 한 면을 파서 공간을 만들고 거대하게 조성한 간다라 양식의 석불로, 높이가 무려 55미터에 달했다.

2001년 3월 탈레반 최고지도자는 "아프간에 있는 모든 불상은 우상숭배 금지에 어긋나는 것이고 따라서 모든 불상을 율법에 따라 파괴하라"고 명령을 내렸다. 이에 따라 탈레반은 로켓포를 동원해 아프가니스탄 곳곳의 불상을 파괴했다. 그 과정에서 유명한 바미안 석불도 무참히 파괴되고 말았다.

이중 가장 큰 규모의 바미안 대불이 쉽게 무너지지 않자 그들은 다이너마이트를 설치해 며칠에 걸쳐 폭파했다. 국제사회의 반대에도 불구하고 이슬람 원리주의를 내세운 탈레반 정권의 만행이었다. 당시 파괴 모습이 실시간으로 중계되어 세계인들을 경악시켰다.

55미터짜리 바미안 석불은 이미 8세기 때 이곳을 침입한 이슬람교도에 의해 얼굴의 일부가 부서졌고 13세기에는 칭기스칸 군대에 의해 석불의 왼쪽 다리와 왼쪽 팔이 잘려나가는 수난을 겪기도 했다.


## 러-우 전쟁으로 인한
## 우크라이나 문화유산 약탈과 훼손

전쟁은 문화유산에 늘 위협적이다. 의도했든 의도하지 않았든 전쟁을 치르는 과정에서 문화유산을 파괴하는 일이 비일비재하기 때문이다. 2022년 초 러시아는 우크라이나를 침공했다. 이에 맞서 전쟁을 치르고 있는 우크라이나에서는 여러 문화유산들이 위기에 처해 있다.

우크라이나 곳곳의 국립박물관과 미술관은 소장품을 지키기 위해 다양한 노력을 기울이고 있다. 철제 상자에 담거나 겹겹으로 포장해 안전하고 은밀한 곳에 숨겨놓았다. 하지만 적지 않은 박물관은 러시아군의 공격을 받아 다수의 문화유산이 파괴되고 소실되는 일이 벌어졌다.

박물관에서의 문화유산 약탈도 자행되었다. 미국의 일간지 「뉴욕타임스」는 2022년 4월 30일자 기사에서 "러시아군이 점령지 멜리토폴의 박물관이 소장하고 있던 고대 스키타이인의 황금 장신구와 은화, 고대 무기 등 값비싼 유물을 약탈했다"고 보도했다. 그밖에도 2022년 11월 러시아군은 남부 헤르손 미술관에 난입해 유물과 예술품 수백 점을 훔쳐 크림반도 심페로폴로 가져갔다.

상황이 계속 악화되자 우크라이나는 국립박물관의 문화유산을 다른 나라로 옮겨 보관하는 방안을 강구하기 시작했다. 우크라이나 수도 키이우의 보흐단-바르바라 하넨코 국립박물관은 소장하고 있던 그리스 정교회의 성화(聖畫) 16점을 프랑스 루브르 박물관으로 옮겨놓았다. 박물관 측은 2022년 10월 박물관 가까운 곳에 러시아군이 미사일 폭격을 가하자 성화들을 다른 곳으로 옮겼고, 러시아 공격이 그치지 않자 2023년 5월, 비밀리에 폴란드와 독일을 거쳐 프랑스 루브르 박물관으로 옮겼다.

그리스 정교회의 성화는 이콘이라 부른다. 이콘은 그리스 정교회에서 신성한 인물(그리스도와 성모, 기독교 성인 등)이나 사건을 표현한 벽화나 모자이크 등으로, 매우 소중하고 성스러운 작품으로 받아들여진다.

# 제2장

## 약탈당한 문화유산이 우리 품으로 돌아오기까지

# 우리 문화유산이 나라 밖에 있게 된 까닭은?

△ ⌂ □

## 약탈 문화유산 반환
## 협상의 어려움

19세기 후반에서 20세기 초 지구촌 곳곳에선 서구 열강과 일본 등 제국주의 국가들에 의해 문화유산 약탈이 심각하게 자행되었다. 수난의 근대기를 겪은 우리도 예외가 아니었다. 외세 침략에 시달리고 식민지로 이어지는 상황에서 우리 문화유산도 훼손과 약탈을 피해갈 수 없었다.

1866년 병인양요 당시 프랑스 군대는 강화도 외규장각(外奎章閣)에 불을 지르고 의궤(儀軌) 등을 약탈해갔다. 의궤는 조선 왕실에서 중요한 행사가 있을 때 그 과정과 내용을 그림 중심으로 기록한 보고서 형식의 책을 말한다.

병인양요 당시 프랑스군이 외규장각을 약탈하는 장면을 묘사한 그림

일제는 우리나라를 식민 지배하면서 도처에서 우리 문화유산을 파괴하고 약탈했다. 이런 과정을 거쳐 해외로 불법 유출된 문화유산의 상당수가 아직도 귀향의 손길을 기다리고 있는 실정이다.

문화유산 약탈은 20세기 후반 이후 국제사회의 중요한 이슈로 부각되면서 유네스코 등을 중심으로 약탈국과 피탈국(被奪國) 사이의 문화유산 반환 협상이 시작되었다. 하지만 약탈 문화유산 반환 논의는 아직까지 두드러진 성과를 내지 못하고 있다.

문화유산 약탈을 바라보는 시각에 있어 약탈국과 피탈국 사이에 근본적인 견해 차이가 있는 데다 개별 약탈 문화유산에 얽힌 역사적 상황이 모두 다르다 보니 협상의 진척이 어렵다. 게다가 프랑스, 독일 등 유럽 국가들의 경우, 약탈국이면서 동시에 피탈국이라는 이중적 상황이어서 반환 협상을 어렵게 한다.

특히, 근대기에 약탈당했던 문화유산을 돌려받기 위한 반환 협상은 매우 어려운 작업이다. 약탈해간 나라가 돌려줄 마음이 없으면 반환 협상은 출발부터 쉽지 않다. 그렇기에 약탈해간 국가의 정부와 국민들로 하여금 이를 돌려주어야 한다는 생각을 갖도록 하는 것이 중요하다.

하지만 이 또한 매우 어려운 일이다. 우선, 우리가 약탈 사실을 입증해야 한다. 동시에 반환을 위한 치밀한 전략도 필요하다. 그 전략은 정치적일 수도 있고 문화적이거나 인도적일 수도 있다. 약탈해간 국가의 현재 정치 상황에 따라, 문화유산의 종류와 약탈 상황에 따라, 약탈 문화유산을 갖고 있는 현재 소장처(개인이나 기관 등)의 인식에 따라 반환 협상의 접근법과 전략이 달라져야 한다는 말이다.

## 훼손하고 도굴한 데 이어 무단 반출까지

1905년 러일전쟁 때 일본군은 함북 길주군에 있던 북관대첩비(北關大捷碑)를 강탈해 갔다. 북관대첩비는 숙종 때 함북 길주에 세운 임진왜란 승전비다. 여기엔 1592년 임진왜란 당시 조선

2005년 북관대첩비가 반환될 때의 모습

의 의병장 정문부(鄭文孚)가 왜군을 물리친 내용이 기록되어 있다(자세한 내용은 제2장 중 '민간과 공공의 힘으로 돌아온 문화유산' 참조).

일제는 경기 개풍군(현재 북한의 개성시) 부소산의 경천사 10층 석탑(고려 1348년 제작, 현재 국보로 지정된 명칭은 개성 경천사지 10층 석탑)도 약탈해갔다. 영국인 어니스트 베델(1872~1909)과 미국인 호머 헐버트(1863~1949)의 노력에 힘입어 1918년 탑이 돌아왔지만 탑은 적잖이 훼손된 뒤였다(자세한 내용은 제2장 중 '경천사지 10층석탑의 끝나지 않은 망향가' 참조).

강원 원주시 법천사에 있던 지광국사탑(국보 원주 법천사지 지광국사탑)도 1912년 일본인에 의해 오사카로 밀반출되었다. 그 후 조선총독부가 "국유지에 있던 것이니 반환하라"고 압력을 가하자 소유자 일본인이 1915년 총독부에 기증하면서 서울로 돌아왔다(자세한 내용은 제2장 중 '법천사지 지광국사탑, 113년 만의 설레는 귀향' 참조). 또한 일제는 1906~1910년경 평양 대동구역의 조선 시대 누정 애련당(愛蓮堂)을 통째로 뜯어 일본으로 무단 반출하는 만행을 저질렀다.

왕세자의 처소인 경복궁 자선당(資善堂)도 1911년 수난을 당했다. 일제는 경복궁에서 조선물산공진회라는 이름의 박람회를 개최하기 위해 많은 전각을 헐어냈고 그때 자선당도 헐렸다. 일본인 사업가 오쿠라 기하치로(大倉喜八郎)는 헐어낸 자선당 건물을 1915년 일본 도쿄로 빼돌렸다(자선당 석축 반환 내용은 제2장 중 '민간과 공공의 힘으로 돌아온 문화유산' 참조).

앞에서 살펴봤듯이 1913년엔 조선총독부가 조선 시대 4대 사고(史庫)의 하나인 강원도 오대산 사고에 보관 중이던 《조선왕조실록》 등 조선 시대의 귀중한 고문서를 빼돌렸다. 이때 일본 도쿄제국대학으로 약탈해간 고문서는 1923년 간토(關東)대지진으로 대부분 불에 타 없어지고 일부만 살아남았다(오대산 사고본 《조선왕조실록》의 반환 내용은 제2장 중 '민간과 공공의 힘으로 돌아온 문화유산' 참조).

일본인들은 우리 고분도 도굴해 귀한 유물을 빼돌렸다. 도굴은 1894년 청·일전쟁 이후 개성·평양·부여 등 역사고도를 중심으로 횡행했고 1910~1920년대엔 전국적으로 확산되었다. 초대 통감이었던 이토 히로부미는 사람을 시켜 개성 일대의 고려 고분을 몰래 도굴해 수많은 고려청자를 일본으로 빼돌렸다.

경주·부여·공주·평양 등 중요한 유적 도시에서도 불법적인 도굴이 빈번하게 자행되었는데 가루베 지온(輕部慈恩)이라는 인물이 가장 악명 높았다. 당시 충남 공주시에서 교사로 일했던 가루베 지온은 공주 송산리 고분군을 마구 파헤쳐 수많은 백제 유물을 가로챘다. 가루베 지온을 생각할 때마다 가슴을 쓸어내리지 않을 수 없는 일이 있다. 그가 불법으로 파헤친 송산리 6호분 바로 옆엔 무령왕릉이 있었다는 사실이다. 가루베 지온이 그 무령왕릉의 존재를 알았다면 당연히 도굴했을 것이다.

일제는 임나일본부설(任那日本府說)의 증거를 찾기 위해 가야 고분 발굴에 열을 올렸다. 그 가운데에는 도굴에 가까운 발굴도 적지 않았다. 조선총독부는 1918~1919년 경남 창녕군 지역의 대형 고분 9곳을 발굴했다. 당시 마차 20대, 화차 두 대 분량의 유물이 나온 것으로 전해진다. 그러나 총독부는 고분 2곳을 제외하곤 발굴보고서를 작성하지 않아 상당수의 유물이 어디로 갔는지 알 수 없게 되었다. 대부분 일본으로 빼돌리거나 악덕 골동상에게 넘긴 것이다.

오구라 다케노스케(小倉武之介)도 우리 문화유산을 약탈해간 일본인 사업가였다. 한국으로 건너와 1910년대 대구에서 대구

전기회사를 설립해 돈을 번 그는 1921년경부터 전국 곳곳에서 조선의 문화유산을 수집하기 시작했다. 그는 특히 도굴품을 많이 모았다. 당시는 경주·대구·고령 등 경상도 지역의 신라와 가야 고분이 무수히 도굴되는 상황이었다. 그 도굴품 가운데 상당수가 오구라의 손에 들어간 것이다. 1940년대 초반, 경북 고령군 고령읍 고령경찰서에서는 오구라가 도굴한 트럭 두어 대 분량의 유물을 공공연히 보관하고 있었다는 이야기도 전한다. 그는 한반도뿐만 아니라 중국의 만주·허베이성·산시성 지역까지 다니면서 유물을 모은 것으로 알려져 있다.

오구라는 수집한 유물을 대구와 일본 도쿄에 있는 그의 집에 나누어 보관했다. 1945년 일본 패망과 함께 일본으로 돌아가게 되었을 때 오구라는 한국에 있던 유물은 그대로 두고 몸만 건너갔다. 그는 일본으로 돌아간 뒤에도 한국의 유물을 수집했다.

그가 일제강점기 때부터 수집해 도쿄에 보관하던 유물을 흔히 '오구라 컬렉션'이라 부른다. 오구라는 1958년 오구라 컬렉션 보존회를 설립했다. 오구라는 1964년 세상을 떠났고 이후 재단은 그의 아들이 맡아 운영하다 1980년대에 유물을 모두 도쿄국립박물관에 기증했다.

현재 도쿄국립박물관에 있는 오구라 컬렉션의 규모는 모두 1,100여 건이다. 그 가운데 대부분이 우리나라에서 약탈해간 문화유산들이다. 오구라 컬렉션은 신석기 시대, 청동기 시대 유

물부터 삼국 시대, 통일신라 시대, 고려 시대, 조선 시대의 문화
유산들을 망라한다. 대가야 유물로 보이는 금관, 경남 창녕에서
출토된 고깔 모양의 금동관모, 각종 금제 장식과 탑에 봉안되었
던 사리장엄구 등이 두드러진다.

## 정상적 절차를 거쳐
## 반출된 문화유산들

수집이나 구입 등 정상적인 과정을 통해 해외로 반출된 문화
유산도 적지 않다. 1880년대 이후 서울에 들어온 각국의 외교관
이나 무역상들은 상당량의 우리 문화유산을 해외로 가져갔다.

1887년 초대 주한 프랑스 대리공사로 부임한 프랑스 외교관
콜랭 드 플랑시는 한국의 도자기와 그림 등을 수집해 본국의 국
립기메동양박물관에 보냈다. 그는 세계 최고(最古) 금속활자본
《직지심체요절(直指心體要節)》(직지심경, 直指心經)을 수집해 간 인
물이기도 하다.

1882~1885년 고종의 외교 고문으로 일하면서 기산 김준
근(箕山 金俊根, 생몰년 미상)의 풍속화를 수집해 독일로 가져간 묄
렌도르프, 1883년 제물포(인천)에 세창양행이라는 무역회사를
설립하고 도자기, 그림, 민속품 등 1,000여 점을 수집해 간 독일
인 하인리히 콘스탄틴 에두아르 마이어 등도 그런 경우라고 할
수 있다. 마이어는 자신의 수집품 일부를 함부르크 민족학박물

관(현재 로텐바움 세계문화예술박물관)에 기증하기도 했다.

미국 국립박물관(스미스소니언 박물관의 전신)의 한국문화 조사관 존 버나도는 1884년 조선을 찾아 민화를 수집해 갔고 프랑스 민속학자 찰스 바라는 1888~1889년 조선 여행 도중 민화와 민속품을 수집해간 뒤 1891년 파리의 국립기메동양박물관에 기증했다. 이 밖에도 적지 않은 외국인들이 우리 문화유산을 수집해갔다.

1911년 한국을 찾은 독일인 신부가 있었다. 독일 오틸리엔 수도원장을 지낸 노르베르트 베버(1870~1956)는 1911년 서울·수원·해주·공주 등지를 둘러보면서 한국인의 일상과 종교에 깊이 빠져들었다. 그 기억을 담아 1915년 독일에서 《고요한 아침의 나라》라는 책을 출간했다. 베버 신부는 1925년에도 한국을 찾아 금강산을 기행했다. 이때 겸재 정선의 그림들을 수집했다. 또 무비카메라를 갖고 와 〈한국의 결혼식〉 등의 기록영화를 촬영했다.

베버 신부는 자신이 수집한 정선의 그림 21점을 화첩으로 꾸몄고 독일로 돌아간 뒤 오틸리엔 수도원 박물관에 보관했다. 이 화첩은 1975년 한국에 그 존재가 알려졌으며 1990년대 독일 유학 중이던 왜관수도원 소속 선지훈 신부가 오틸리엔 수도원 측에 한국에 화첩을 반환해줄 것을 조심스럽게 요청했다. 하나둘 준비작업이 진행되었고 드디어 오틸리엔 수도원의 결단을 이

끌어냈다. 2005년 10월 《겸재 정선 화첩》은 오틸리엔 수도원이 경북 칠곡군의 왜관 수도원에 영구 대여하는 형식으로 우리나라에 돌아왔다. 오틸리엔 수도원은 화첩을 경매에 부치게 해달라는 미국 크리스티 경매회사의 거듭된 요청을 물리쳤다고 한다. "한국의 문화유산을 돈 받고 거래하고 싶지 않다"는 이유에서였다.

# 유출 문화유산 반환을 둘러싼 갈등과 노력

## 반쪽짜리 문화유산 반환 협상과 한일협정의 치욕

불법으로 약탈해간 문화유산은 원래 소유국으로 되돌려주어야 한다. 하지만 국제 사회는 이 같은 기본적인 원칙을 잘 지키지 않고 있다. 그래서 우리도 약탈당한 문화유산을 찾아오는 데 큰 어려움을 겪고 있다.

광복 이후 우리가 반환받은 문화유산은 약 1만 2,000여 점. 이 가운데 해외의 기관이 우리에게 기증한 것은 약 3,000점이고 정부 사이의 협약에 의해 반환받은 것은 3,500여 점 정도다. 나머지는 민간 차원에서 반환받은 것, 국·공립 박물관이 돈을 주고 구입한 것, 민간이 구입해 기증한 것 등이다. 돌려받은 문화유산은 약탈당한 문화유산의 양에 비하면 지극히 미미한 수준이다.

광복 이후 문화유산 반환은 한일협정을 계기로 시작되었다. 일본의 식민 지배를 받았던 우리나라는 1965년 6월 일본과 한일협정을 체결하고 국교를 정상화했다.

이때 〈한일 문화재 및 문화협력에 관한 협정〉도 함께 체결했다. 이 협정에 따라 1966년 5월 일본은 약탈해간 문화유산 일부를 우리에게 돌려주었다.

한일협정 당시 우리 정부는 일제의 조선총독부가 반출해간 고분 출토품과 일본인이 개인적으로 약탈해 간 문화유산 등 모두 4,479점의 문화유산을 반환해줄 것을 요구했다. 조선총독부가 반출해간 고분 출토품 689점(도쿄국립박물관, 도쿄대 소장), 통감 및 총독이 반출해간 도자기 103점, 데라우치 총독이 소장한 서화 245점, 오구라(小倉) 컬렉션 80점 등이었다.

그러나 일본은 개인 소유 문화유산을 제외한 채 국유 및 공유 문화유산 1,432점만 반환하고 더 이상은 돌려주지 않았다. 1,432점에는 1958년에 이미 반환한 창녕 교동 고분군 출토품 106점이 포함되어 있었다. 그때 우리 정부가 반환을 강력하게 요청했던 경남 양산시 부부총 출토품 489점은 돌아오지 않았다. 소장처인 도쿄국립박물관의 반대 때문이었다. 《조선왕조실록》도 반환 대상에 포함되지 않았다.

당시 우리 정부는 경제개발 자금을 지원받는 데만 급급해 문화유산 반환에 소극적인 태도로 일관하다 겨우 1,432점으로 반환 협상을 마무리 지었다. 1,432점은 우리가 반환 요청한 문화유산의 32퍼센트에 불과하다. 심지어 반환품에는 짚신 3켤레, 막도장 20개까지 포함되어 있었다. 짚신과 막도장도 문화유산이라면 문화유산이라고 할 수도 있겠지만, 당시의 문화유산 반환은 굴욕적인 반환이 아닐 수 없었다.

## 시대에 따라 환수 방식도 다변화

어쨌든 한일협정 체결로 인해 한-일 정부 간 협상이 서류상 일단락되었고 이후 일본 정부와의 협상을 통해 약탈 문화유산을 반환받는다는 것은 매우 어려운 일이 되어버렸다.

한일협정 이후로는 문화유산 반환이 거의 이뤄지지 않다가 1990년대 들어서면서 반환운동이 조금씩 활성화되었다. 정부 간 협상에 의한 반환이 어렵다보니 대체로 민간 차원의 반환이 주종을 이루었다.

이어 2000년대 들어 외규장각 약탈 도서 반환, 일본 궁내청 소장 왕실도서 반환 등 정부 간 협상에 의한 반환도 성사되었다. 그러나 정부나 민간의 협상만으로는 한계가 있을 수밖에 없다. 따라서 최근엔 기증, 구입, 구입을 통한 기증 등의 형식으로 유출 문화유산을 환수해오는 경우가 많이 늘었다. 다양한 계층이 다양한 방식으로 환수 운동에 참여한 결과라고 할 수 있다.

불법적으로 유출된 것이든 정상적으로 반출된 것이든, 해외로 유출된 문화유산을 국내로 다시 들여온다는 것은 쉬운 일이 아니다. 특히 해외의 현 소장자(소장 기관)가 마음을 열어야 하는데, 협상이라는 절차만으로 해외 소장자의 마음을 움직여 반환을 이끌어낸다는 것은 만만치 않은 일이다.

그렇다 보니 최근에는 여건이 허락하는 한도 내에서 유출 문화유산을 구입해 들여오는 방식에 대한 관심이 커졌다. 중국의 경우도, 19세기 말~20세기 초 서구 열강들이 약탈해간 명·청대 문화유산을 중국의 부호들이 해외 경매에서 구입한 뒤 중국에 기증하는 사례가 빈번해졌다. 우리도 국외소재문화재재단과 같은 공공기관이나 시민단체, 민간 모임들이 경매에 참여해 유출 문화유산을 구입한 뒤 이를 국·공립 박물관에 기증하는 경우가 많아졌다.

조선왕실 국새(國璽)와 어보(御寶)의 반환도 주목을 요하는 흥미로운 경우다(조선왕실 어보의 국내 반환 내용은 제2장 중 '민간과 공공의 힘으로 돌아온 문화유산' 참조). 국새와 어보는 국가문서나 왕실 의례에 사용했던 왕과 왕비의 도장으로, 국권을 상징하는 문화유산이다. 종묘에서 보관해왔던 국새와 어보들은 상당수가 한국전쟁 때 미군들에 의해 불법으로 반출되었다. 말하자면 미국에 유출된 국새와 어보들은 모두 불법으로 반출해간 것들이었다. 그런데 미국은 자국 내에 있는 외국 문화유산이 불법으로 들어온 것으로 확인되면 국토안보부가 압수한 뒤 법적인 절차를 거쳐 원 소유국으로 되돌려 보내도록 되어 있다.

최근 들어 우리 정부와 민간이 국새와 어보의 불법 유출 사실을 적극적으로 미국에 알렸고 미국 국토안보부는 공식적인 사법 절차를 거쳐 국새와 어보들을 우리에게 돌려주고 있다. 최근 들어 미국으로 유출된 국새와 어보를 우리가 잇달아 환수할 수 있었던 것은 바로 이러한 배경에서다.

# 145년 만에 돌아온 외규장각 도서

## 중단과 재개를 반복한
## 한-프 정부 간 협상

약탈 문화유산, 유출 문화유산이 우리 품으로 돌아오는 과정을 살펴보면 정부 간 협상에 의한 환수, 민간과 정부의 공동 노력에 의한 환수, 순수 민간 협상에 의한 환수, 공공의 구입을 통한 환수, 해외 소장자(개인과 기관)의 기증 또는 대여(영구 대여)를 통한 환수, 민간의 구입과 기증을 통한 환수 등으로 나누어진다.

1866년 병인양요 때 프랑스 군대가 강화도 외규장각에 불을 지르고 약탈해간 도서 가운데 191종 297책(297권)이 2011년 반환되어 돌아왔다. 1993년 《휘경원원소도감 의궤(徽慶園園所都監儀軌)》 상권이 돌아왔고 나머지 296권이 2011년 4월부터 5월

규장각의 부속 도서관인 강화도 외규장각　　　　　2011년 외규장각 도서 반환 모습

사이 네 차례로 나뉘어 조국 땅에 돌아온 것이다. 프랑스군이 외규장각에서 약탈해간 지 145년 만, 1991년 반환 협상을 시작한 지 20년 만의 일이었다.

　외규장각 도서의 반환 협상은 1991년으로 거슬러 올라간다. 1991년 10월 서울대학교 규장각이 외규장각 도서의 반환 추진을 정부에 요청하면서 한국과 프랑스 사이의 반환 협상이 시작되었다. 1993년 9월 프랑스의 미테랑 대통령이 한국을 방문해 정상회담에서 "외규장각 도서를 교류방식으로 한국에 영구 임대하겠다"고 약속했다.

　곧이어 《휘경원원소도감의궤》 상권을 김영삼 대통령에게 전달하고 외규장각 도서의 반환 의지를 상징적으로 표명했다. 《휘경원원소도감의궤》는 영구 대여(3년마다 기간 연장) 형식으로 반환되었다.

미테랑 대통령의 반환 의지 표명은 사실상 프랑스 고속철도 테제베(TGV)가 한국 고속철도 사업자로 선정되도록 하기 위한 정치적인 의도가 깔려 있는 행위였다.

그러나 미테랑 대통령의 계획은 프랑스 내부의 강한 반대에 부닥쳤다. 이후 프랑스는 협상 과정에서 외규장각 도서를 돌려주거나 대여하는 대신 그와 동일한 값어치의 문화유산을 요구했다. 즉 '등가(等價)교환, 맞교환'을 주장한 것이다.

우리의 입장에서 보면, 맞교환은 프랑스에 있는 외규장각 도서를 돌려받는 대신 우리가 갖고 있는 다른 도서를 그들에게 빌려주는 식이다. 차라리 돌려받지 않는 것만 못하다는 비판이 적지 않았다. 한국에서의 반대 여론이 비등해지자 맞교환 방식의 논의는 더 이상 진행되기 어려워졌다.

1994년부터 외규장각 도서 반환 협상은 중단되었다. 1999년 양국 정부 사이에 협상이 재개되었으나 프랑스는 여전히 맞교환 방식을 주장했다. 국내에서의 비판은 여전했고 외규장각 도서 반환 협상은 또다시 지지부진해졌다.

## 문화유산 반환 역사상
## 가장 드라마틱한 과정

2007년 반환 협상이 재개되었다. 같은 해 시민단체 문화연대

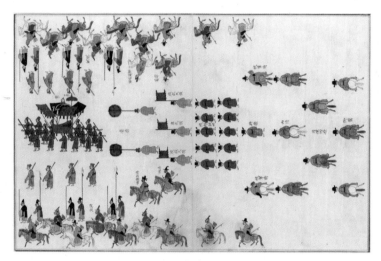

외규장각 의궤 《영조정순왕후가례도감의궤》 친영반차도 중 일부

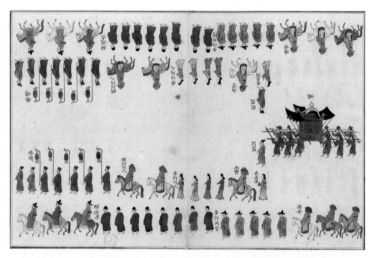

외규장각 의궤 《영조정순왕후가례도감의궤》 친영반차도 중 일부

는 프랑스 정부를 상대로 외규장각 도서 반환소송을 제기하기도 했다. 그러던 중 2009년 변화의 조짐이 나타났다. 프랑스가 등가교환, 맞교환 주장을 철회한 것이다. 가장 큰 걸림돌이 사라진 중대한 변화였다. 이에 맞춰 우리 정부는 외규장각 도서의 영구 대여를 프랑스에 공식 요청했다. 협상은 잘 진행되었다.

2010년 11월 G20(주요 20개국) 서울정상회의에서 한국과 프랑스 대통령이 '의궤 대여'에 합의했다. 이명박 대통령과 니콜라 사르코지 프랑스 대통령은 외규장각 도서 297권(《휘경원 원소도감 의궤》 상권 포함)을 5년마다 대여를 갱신하는 방식으로 사실상 한국에 반환하기로 합의했다.

어람용 외규장각 의궤의 비단 표지

이렇게 해서 외규장각 도서는 2011년 네 차례에 걸쳐 우리 땅으로 돌아와 현재 국립중앙박물관이 소장하고 있다. 외규장각 도서 반환은 약탈당한 문화유산이 정부 간 협상을 거쳐 고국 땅에 돌아왔다는 점에서 그 의미가 각별하다. 약탈당한 우리 문화유산의 반환 역사상 가장 드라마틱한 과정을 거쳤다.

# 민간과 공공의 힘으로 돌아온 문화유산

△ ⌂ ▢

## 민간의 힘으로 환수한 사례

### ①조선왕실 국새와 어보

■ 약탈당한 문화유산 ■ 민간이 구입해 기증(1987년)

국새(國璽)는 외교문서나 행정문서 등 공문서에 사용한 인장으로, 왕권과 국권을 상징한다. 어보(御寶)는 왕이나 왕비의 덕을 기리거나 업적을 찬양하기 위해 제작한 의례용 인장이다. 한국전쟁 때 미군 병사들이 종묘 등에서 불법 반출해간 조선왕실 국새와 어보도 지속적으로 반환되고 있다.

불법으로 반출된 어보가 처음 국내로 돌아온 것은 1987년. 미국 스미스소니언 자연사박물관에서 큐레이터로 일하던 민속학자 조창수는 당시 고종 어보 등이 경매에 나왔다는 소식을 듣곤 교포들과 힘을 합쳐 고종 어보 2점, 명성황후 어보 1점, 철종비 철인왕후 옥책(玉冊, 왕과 왕비의 존호를 올릴 때 덕을 기리는 글을 새긴 것) 1점과 다른 문화유산을 구입한 뒤 국립중앙박물관에 기증했다.

## ②자선당 석축

■ 약탈당한 문화유산 ■ 민간 협상에 의해 환수(1996년)

1996년엔 경복궁 자선당(資善堂) 건물의 석축이 돌아왔다. 1915년 자선당 건물을 해체해 일본 도쿄로 불법 반출한 오쿠라 기하치로는 자신의 집 옆에 자선당 건물을 재조립해 '조선관(朝鮮館)'이라는 간판을 달고 미술관으로 사용했다. 그러나 1923년

돌아온 자선당 석축

간토(關東)대지진 때 목조 건물이 불에 타버리고 기단부인 석축만 남게 되었다.

그 후 자선당의 존재는 사람들의 기억 속에서 잊혀갔다. 그러던 중 1993년 건축사학자인 김정동 선생(전 목원대 교수)이 일본 도쿄의 오쿠라 호텔 경내에 이 석축이 방치되어 있다는 사실을 확인했다. 김 선생의 오랜 협상 노력에 힘입어 자선당 기단부 석축은 1996년 국내로 돌아왔다. 하지만 이 석축은 대지진의 충격을 겪고 오랫동안 방치된 탓에 심각하게 훼손된 상태였다. 따라서 자선당 복원에는 사용하지 못하고 경복궁 건천궁 뒤편에 별도로 보존해놓고 있다.

### ③조선 시대 무덤의 석물

■ 약탈당한 문화유산 ■ 개인이 기증(2001년)

석조문화재 컬렉터인 우리옛돌문화재단 천신일 이사장은 2000년 일본인 컬렉터 구사카 마모루(日下守)가 조선 석조물을 소장하고 있다는 사실을 알게 되었다. 천 이사장은 여러 차례 일본으로 찾아가 소장자를 만나 끈질기게 설득하고 주변 사람들과 함께 외교 협상을 펼친 끝에 결국 소장자의 마음을 움직였다. 그 덕분에 2001년 소장품 가운데 상태가 양호하고 조각 기술이 뛰어난 문인석(文人石) 63점과 무인석(武人石) 1점, 동자석(童子石) 6점 등 70점을 환수했다.

우리옛돌박물관이 환수한 조선 시대 문인석

### ④오대산 사고본《조선왕조실록》

**■ 약탈당한 문화유산 ■ 민간 협상에 의한 반환(2006년)**

1913년 일제가 약탈해 가져간 뒤 도쿄대가 소장하고 있던 《조선왕조실록》 오대산 사고본이 불교계와 시민단체의 노력에 힘입어 2006년 6월 우리의 품으로 돌아왔다. 1913년 조선총독 데라우치는 오대산 사고본《조선왕조실록》을 기증이라는 명목으로 도쿄대에 불법 반출했고 이후 1923년 간토대지진으로 이 가운데 상당수가 불에 타 없어졌다.

간토대지진에서 살아남은 47책을 2006년 도쿄대로부터 돌려받은 것이다. 도쿄대는 약탈 문화유산이라는 사실을 애써 감추

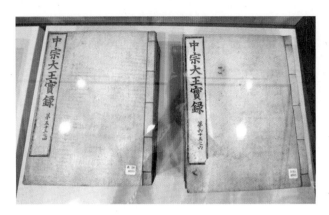
일본에서 돌아온 오대산 사고본 《조선왕조실록》

기 위해 서울대학교에 '기증'이라는 형식으로 《조선왕조실록》
을 돌려주었다. 오대산 사고본은 반환된 이후 국보로 지정되었
고 현재는 국립조선왕조실록박물관이 소장하고 있다.

### ⑤〈선무공신 김시민 교서〉
**■ 유출 과정 불확실 ■ 시민들의 구입과 기증(2006년)**

2006년에는 〈선무공신 김시민 교서(宣武功臣 金時敏 敎書)〉가
국내에 돌아왔다. 이 교서는 선조 임금이 진주대첩을 지휘한 진
주목사 김시민(金時敏, 1554~1592)에게 하사한 것으로 김시민 종
가(宗家)에서 보관하다 일제강점기 때 일본으로 유출되었다.

이후 그 존재가 잊혔으나 2005년 11월경 일본의 고미술품 경

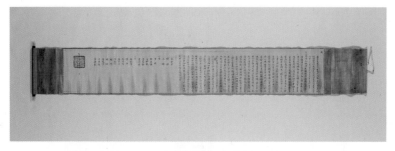

국민의 모금으로 환수한 최초의 유산 〈선무공신 김시민 교서〉

매 시장에 출품되면서 다시 알려지게 되었다. 이후 국민들이 모금 운동을 전개했고 그 돈으로 교서를 구입해 국내로 들여왔다. 2006년 보물로 지정된 후 현재 국립진주박물관이 소장하고 있다. 국민의 모금을 통해 환수한 최초의 문화유산이다.

### ⑥고려 금동불감

■ 불법 반출된 문화유산 ■ 민간단체의 구입과 기증(2018년)

2018년 1월에는 '국립중앙박물관회 젊은 친구들(YFM)'이 고려 금동불감(金銅佛龕)과 관음보살상을 구입해 국립중앙박물관에 기증했다. 이 금동불감은 일제강점기 대구에 거주했던 고미술품 수집가 이치다 지로(市田次郎)가 일본으로 불법 반출했으며 1980년대 후반쯤 도쿄의 고미술상에게 넘어갔다고 한다. 그동안 사진(국립중앙박물관 소장)으로만 존재가 알려져왔다.

유물을 기증한 '국립중앙박물관회 젊은 친구들'은 50세 이하 경영인들이 2008년 결성한 모임으로, 국립중앙박물관을 후원하는 활동을 펼치고 있다. 그동안 고려불감과 고려 나전경함 등 10건의 문화유산을 국립중앙박물관에 기증했다.

## 정부와 공공기관의 힘으로 환수한 사례

### ①어재연 장군 수자기

■ 약탈당한 문화유산 ■ 정부 간 협상에 의한 환수(2007년)

1871년 신미양요 때 미국이 전리품으로 약탈해간 수자기(帥字旗)가 2007년 고국 땅에 돌아왔다. 이 수자기는 조선군 지휘관인 어재연(魚在淵, 1823~1871) 장군의 군기였다. 주로 군부대 훈련소나 숙소에 걸어두던 것이다. 누런 바탕에 장군이란 의미의 '帥(수)'자가 쓰여 있어 '수자기'로 부른다.

어재연 장군의 수자기

미군의 군함 콜로라도호에 내걸린 수자기

이 수자기는 미국 매릴랜드주 아나폴리스의 미해군사관학교 박물관에 보관되어 있다가 미국과 우리 정부의 반환협상 끝에 10년간 장기 대여 형식으로 우리나라에 돌아왔다. 수자기는 현재 강화역사박물관이 소장하고 있다. 2017년 강화역사박물관은 미 해군사관학교 박물관과 협상을 통해 대여기간을 연장했다. 그러나 대여기간이 끝나는 2024년 3월 15일 이후 미국에 돌려보내야 한다. 미 해군사관학교 박물관이 특별전을 위해 돌려달라고 요청했기 때문이다. 3년 동안의 전시가 끝나면 미국은 수자기를 다시 우리에게 대여할 것으로 보인다.

### ②공혜왕후 어보

■ 약탈당한 문화유산 ■ 공공기관의 구입과 기증(2011년)

2011년 6월 문화유산국민신탁은 국내 경매에 나온 성종 비 공혜왕후 어보를 구입해 국립고궁박물관에 기증(무상 양도)했다. 한국전쟁 무렵 미군 병사가 미국으로 불법 반출한 것이다. 국내의 한 소장가가 1987년 뉴욕 크리스티 경매에서 약 18만 달러에 구입한 뒤 국내에 들여와 경매에 내놓은 것이었다. 2011년 낙찰가는 4억 6,000만 원이었다.

### ③대한제국 국새와 고종 어보

■ 약탈당한 문화유산 ■ 정부 간 협상에 의한 반환(2014년)

2014년 공개된 수강태황제보(고종 어보)

　　2014년 버락 오바마 미국 대통령이 한국을 방문하면서 미국 국토안보수사국이 소장하고 있던 어보와 국새를 우리에게 반환했다. 이때 돌려준 것은 순종 황제가 고종에게 태황제라는 존칭을 올리며 제작한 수강태황제보(壽康太皇帝寶), 고종이 대한제국을 선포하고 제작한 국새 황제지보(皇帝之寶) 등 9과였다. 한국전쟁에 참전한 미군이 덕수궁에서 불법으로 반출했다가 2013년 11월 미국 수사국에 압수당한 것들이다. 이후 한-미 양국의 공동 조사 결과, 조선왕실과 대한제국의 인장으로 드러났고 이에 따라 미국이 우리에게 돌려주었다.

### ④을미의병장 김도화 책판
　■ 유출 과정 불확실 ■ 공공기관의 구입(2019년)

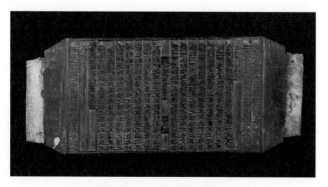

독일 미술품 경매에서 구입해온 김도화 책판

2019년 3월 국외소재문화재재단은 독일의 미술품 경매에 출품된 김도화 책판을 문화유산 환수기금으로 매입해 국내로 들여왔다. 이 책판은 을미의병 때 안동 지역 의병장으로 활약한 척암 김도화(拓菴 金道和, 1825~1912)의 '척암선생문집책판(拓菴先生文集冊板)' 1,000여 장 가운데 한 장이다. 김도화의 책판은 그동안 20장만 존재가 확인되었으며 한국국학진흥원이 관리하고 있다.

#### ⑤덕온공주 편지

**■ 유출 과정 불확실 ■ 공공기관의 구입(2019년)**

조선의 마지막 공주 덕온공주가 쓴 〈덕온공주 집안의 한글자료〉가 2018년 11월 한국에 돌아왔다. 덕온공주는 조선 제23대 임금 순조와 순원왕후의 셋째 딸이다. 이 한글자료는 덕온공주

아름다운 한글 글씨체의 덕온공주 편지

와 양아들, 손녀 등이 작성한 책과 편지, 서예 작품 등 68점이다. 이 가운데 《자경전기(慈慶殿記)》와 《규훈(閨訓)》은 덕온공주의 친필 서책으로, 덕온공주의 아름다운 한글 서체(궁체)가 돋보인다.

이 한글자료를 환수할 수 있었던 것은 국립한글박물관과 국외소재문화재재단의 공조 덕분이었다. 국립한글박물관은 해외에 있던 서책의 정보를 입수해 국외소재문화재재단에 알렸고 재단은 해외 소장자와 협상을 진행해 매입할 수 있었다.

## 민간과 정부의 협력으로 환수한 사례

### ①북관대첩비

■ 약탈당한 문화유산 ■ 민간과 정부의 공동협상에 의한 반환(2005년)

북한으로 돌아간 북관대첩비(왼쪽)와 표석

　2005년 북관대첩비가 돌아왔다. 북관대첩비는 임진왜란 때 정문부를 대장으로 한 함경도 의병이 왜군을 물리친 것을 기리기 위해 1707년 숙종의 명에 따라 함북 길주군(현재의 김책시)에 세운 전공비다. 1905년 러일전쟁 당시 일제는 이 비를 일본으로 약탈해 도쿄의 야스쿠니 신사의 구석진 곳에 방치해놓았다. 이후 오랫동안 사람들의 기억 속에서 잊혀졌다가 1970년대 재일 사학자 최서면이 이를 확인하면서 세상에 널리 알려지게 되었다.

　그리고 1980년대부터 이를 되찾아오려는 민간 차원의 움직임이 시작되었다. 정문부의 후손, 문화유산 분야 관계자들의 노력이 이어졌고 한국과 일본 불교계의 적극적인 노력에 의해 2005년 고국 땅으로 돌아오게 되었다. 이 비는 국내로 돌아온 뒤 국립문화재연구원에서 세척 및 보존처리를 한 뒤 2006년 3월 1일 원래 자리였던 북한의 김책시(옛 함북 길주)로 옮겨졌다. 약탈 문화유산을 되찾아온 뒤 원래 위치인 북한 땅으로 다시 옮긴 것은 이 북관대첩비가 유일하다. 그래서 더욱 뜻깊은 반환 사례라고 할 수 있다.

## ②일본 궁내청 조선왕실 도서

■ 약탈당한 문화유산 ■ 민간과 정부의 공동협상에 의한 반환(2011년)

2011년 12월 일제강점기에 반출돼 일본 궁내청이 소장하

2011년 일본이 반환한 《조선왕실의궤》와 《퇴계언행록》

고 있던 도서 150종 1,205책이 100여 년 만에 고국으로 돌아왔다. 이 도서들의 귀환은 1998년 문화재청(국가유산청)이 궁내청 도서 현지조사를 시작한 지 13년, 조선왕실의궤환수위원회가 2006년 의궤 반환운동을 시작한 지 5년 만의 결실이었다.

한 해 전인 2010년 5월 10일, 한일강제병합 100년을 맞아 우리나라와 일본의 지식인 213명이 서울과 도쿄에서 '한일병합조약의 불법성과 원천 무효'를 선언하는 공동성명을 발표했다. 한국과 일본 지식인들의 이 같은 움직임은 일본 정부에 강한 압박으로 작용했다. 침략을 인정하고 사과하면서 동시에 그에 걸맞은 실질적인 행동을 취해야 한다는 여론이 퍼져나갔다.

이 같은 상황에서 2010년 8월 간 나오토 일본 총리가《조선왕실의궤》등 일본 궁내청 소장 도서를 반환하겠다고 밝혔다. 두 달 뒤인 2010년 10월 일본 정부는《조선왕실의궤》등 불법으로 반출해간 도서 1,205책을 돌려주기로 우리 정부와 합의했다.

### ③덕종 어보

■ 약탈당한 문화유산 ■ 민간과 정부의 공동협상에 의한 반환(2015년)

2015년에 4월 덕종 어보가 미국에서 돌아왔다. 덕종 어보는 1471년 조선 제9대 임금 성종이 일찍 돌아가신 아버지에게 '온문 의경왕(溫文 懿敬王)'이라는 존호를 올리며 제작한 것이다. 미국 시애틀 미술관의 이사이자 후원자가 1962년 뉴욕에서 구입해 1963년 시애틀 미술관에 기증한 것이다.

문화재청(국가유산청)은 어보가 정상적인 방법으로 국외에 반출될 수 없는 유물이란 점을 들어 2014년 7월부터 시애틀 미술관 측에 반환을 요청했다. 시애틀 미술관도 긍정적인 태도로 협상에 응했고 이사회와 기증자 유족의 승인을 얻어 2014년 11월 한국에 반환하기로 결정했다. 그러나 반환 이후, 덕종 어보는 1471년 제작된 진품이 아니라 1924년 일제강점기에 다시 제작한 것으로 확인되었다.

### ④문정왕후 어보와 현종 어보
■ 약탈당한 문화유산 ■ 민간과 정부의 공동협상에 의한 반환(2017년)

2017년 7월엔 문정왕후 어보와 현종 어보가 돌아왔다. 문정왕후 어보는 1547년 중종비인 문정왕후에게 성렬대왕대비(聖烈大王大妃)의 존호를 올리며 이를 기념하기 위해 제작한 것이다. 현종 어보는 1651년 현종이 왕세자로 책봉되는 것을 기념하기 위해 제작한 것이다. 두 어보는 모두 미국 로스앤젤레스에 거주하는 한 개인 소장자가 일본에서 구입해 미국으로 가져간 것이라고 한다. 이 가운데 문정왕후 어보는 2000년 로스앤젤레스카운티 미술관(LACMA)이 구입해 소장해왔다.

시민단체 '문화재 제자리찾기'는 2010년부터 문정왕후 어보 반환 운동을 펼쳤고 3년의 노력 끝에 2013년 9월 LACMA로부터 반환 약속을 받아냈다. 또한 현종 어보는 문화재청(국가유산청)의 요청에 따라 2013년 미국 국토안보수사국이 압수해 보관해왔다. 두 어보에 대한 수사는 2017년 6월 마무리되었다. 한 달 후인 7월 문재인 대통령이 미국을 방문하고 귀국하는 길에 대통령 전용기를 타고 고국 땅으로 돌아왔다.

## 해외의 기증으로 환수한 사례

### ①야마구치 문고
**■ 약탈당한 문화유산 ■ 일본 대학의 기증(1996년)**

1996년엔 일제강점기 때 데라우치 총독이 약탈해간 데라우치 문고를 일본의 야마구치여자대학이 경남대학에 기증했다. 이때 돌아온 것은 의궤, 문서, 편지, 그림, 시, 탁본 등 1,995점이다.

### ②조선 시대 무덤의 문인석
**■ 불법 유출된 문화유산 ■ 해외 소장기관의 기증(2019년)**

독일 로텐바움 세계문화예술박물관(옛 함부르크 민족학박물관)이 소장하고 있던 16세기 말~17세기 초 무덤을 지키는 문인석 한 쌍을 2019년 3월 한국에 반환했다. 로텐바움 박물관이 이 문인석들을 독일인 소장가로부터 구입한 것은 1987년이었다. 당시 박물관에 문인석을 판매한 독일인은 "1983년 서울 인사동에서 구입해 독일로 들여왔다"고 말했다.

　그러나 로텐바움 박물관은 문인석의 출처에 대해 의심을 갖고 있었다. 그러던 중 2014~2016년 우리의 국립문화재연구원은 로텐바움 박물관이 소장하고 있는 한국 문화유산을 조사하게 되었다. 그때 박물관 측은 문인석의 독일 반입 과정을 구체적으로 조사했다. 그 결과, 로텐바움 박물관에 문인석을 판매한 독일인이 1983년 문인석을 이사용 컨테이너에 숨겨 불법으로 반입했음이 밝혀졌다.

　이후 2017년부터 해외문화유산 환수 전담 기관인 국외소재문화재재단은 로텐바움 박물관과 논의를 진행했고 2018년 3월 박물관 측에 반환을 공식적으로 요청했다. 로텐바움 박물관은 함부르크 주정부와 독일 연방정부를 통해 반환 절차를 밟았고 2018년 11월 한국에 반환하기로 결정했다. 독일 박물관의 양심적 결정에 따른 자진 반환이라는 점에서 그 의미가 크다.

# 경천사지 10층석탑의 끝나지 않은 망향가

5

△ ∩ □

## 탑을 해체해 일본으로 밀반출한 약탈 행위

서울 용산의 국립중앙박물관 중앙홀에 들어서면 탑 하나가 우뚝 서 있다. 국보 경천사지 10층석탑(고려 1348년 건립, 높이 13.5미터)이다. 훤칠하게 쑥 솟아오른 몸체에 세련된 조형미를 갖춘 이 탑은 흔히 보아온 우리 석탑과 그 모양이 확연히 다르다.

그렇기에 경천사지 10층석탑은 많은 궁금증을 자아낸다. 우선, 탑의 구조가 매우 특이하다. 기단부 3개 층과 탑신 1~3층이 특히 그렇다. 이 부분을 위에서 내려다보면 아자형(亞字形)이다. 정사각형이 있고 네 개의 변으로 직사각형이 튀어나온 모습이어서 아자형이라고 부른다. 엄밀히 말하면 아자형 두 개가 중첩

국립중앙박물관에 설치된 경천사지 10층석탑

되어 있는 모양새다. 어떻게 이런 모양새가 나올 수 있었던 것일까. 이 같은 아자형 구조는 중국 원나라 라마교 탑의 영향을 받은 것이다.

옥개석(지붕돌)은 실제 기와지붕인 듯 정교하게 기왓골을 새겨 목조 건축물을 연상시킨다. 기단부와 탑신(1~3층은 각 20개 면, 4~10층은 각 4개 면)의 표면엔 부처와 보살, 영산회(靈山會) 같은 불교의식 장면, 불교 상징물(용·사자·연꽃 등)이 빼곡하게 조각되어 있다. 기단부(받침대)에는 삼장법사와 손오공 등 《서유기(西遊記)》의 내용도 새겨넣었다.

경천사지 10층석탑의 1층 탑신에는 탑을 조성한 연대, 시주자, 조성 목적 등에 관한 내용이 새겨져 있다. 이에 따르면 제작 시기는 1348년. 그런데 시주자는 원나라와 사돈을 맺어 원 황실의 비호를 받았던 인물이며, 원 황실을 축원하기 위해 이 탑을 조성한 것으로 되어 있다. 이 대목에서 이 탑의 비밀이 풀린다. 1348년이면 원이 고려의 내정에 간섭하던 시기다. 게다가 시주자가 친원파(親元派)였으니, 이 탑은 애초부터 중국 원나라 요소가 적잖이 반영될 수밖에 없었다. 그럼에도 표면에 등장하는 불교 스토리를 통해 고려인의 불심을 엿볼 수 있다.

그런데 경천사지 10층석탑은 왜 박물관 건물 안에 있는 것일까. 탑은 원래 야외에, 사찰의 마당에 있어야 하는데 말이다.

이 탑은 원래 경기 개풍군(지금의 북한 개성시) 부소산 경천사에 있었다. 1907년 2월, 무장한 일본인 인부 130여 명이 개성 경천사 터를 급습했다. 이들은 10층 석탑을 막아서는 개성 주민들을 위협하면서 석탑을 해체하기 시작했다. 해체한 부재들을 달구지 10여 대에 옮겨 실은 뒤 개성역으로 향했다. 이렇게 무지막지한 약탈 행위의 배후에는 일본의 궁내대신 다나카 미쓰야키가 있었다. 순종의 결혼식 참석차 한국에 온 그는 고종이 경천사 탑을 하사했다는 거짓말로 사람들을 속였다. 그러곤 인부를 동원해 탑을 해체해 일본 도쿄에 있는 자신의 집으로 밀반출한 것이다.

이 만행을 폭로한 사람은 영국인 어니스트 베델과 미국인 호머 헐버트였다. 베델은 「대한매일신보」를 창간해 당시 조선의 독립운동에 앞장섰던 인물이다. 그는 한 달 뒤인 1907년 3월 「대한매일신보」의 영문판 「Korea Daily News」에 경천사 탑 약탈 사실을 폭로하고 반환의 당위성을 역설했다.

어니스트 베델

헐버트는 당시 선교사이자 고종 황제의 외교 조언자로 조선의 독립을 위해 헌신했던 미국인이다. 1905년 을사늑약의 부당성을 전 세계에 알렸으며, 1907년 고종에게

호머 헐버트

네덜란드 헤이그 만국평화회담 특사 파견을 건의했다가 1909년 일제에 의해 미국으로 강제 추방당했다. 그는 1907년 일본의 영자신문 「Japan Mail」과 「Japan Chronicle」에 경천사 석탑의 약탈 사실을 알려 반환 여론을 이끌어냈다. 두 이방인의 헌신적인 노력 덕분에 일본에서조차 비난 여론이 비등해졌고 1918년 다나카는 결국 이 탑을 한국에 반환했다.

## 식민 지배와 분단, 유랑 100년의 수난사 간직

탑이 한국에 돌아왔지만 이미 많이 훼손된 상태였다. 반환 이후에도 별다른 보존 조치 없이 포장된 상태로 경복궁 회랑에 방치되었다. 일제 치하, 분단과 한국전쟁 등을 겪으며 우리는 이 탑을 제대로 기억하지 못했다. 그렇게 40여 년이 흘렀고 이 탑의 존재를 깨달은 것은 1959년. 그제야 보수에 들어갔다. 하지만 탈락 부위를 시멘트로 메우는 정도에 그친 부실한 보수·복원이었다. 어쨌든 1년간의 작업 끝에 1960년 탑을 복원해 경복궁 경내에 전시했다. 그 후 1962년 국보로 지정했다.

경천사지 10층석탑 조립 복원 장면

경천사지 10층석탑은 경복궁 경내인 야외에 노출된 탓에 풍화작용과 산성비 등으로 인해 훼손이 계속 진행되었다. 특히 대리석 재질이다 보니 다른 화강암 재질의 탑보다 훼손 속도가 더 빨랐다. 그러자 문화재청(국가유산청)과 전문가들은 더 이상의 훼손은 심각한 문제를 초래할 수 있다고 판단했고 이에 따라 1995년 해체해 보수하기로 결정했다.

먼저 탑의 142개 대리석 부재를 모두 해체한 뒤 대전의 국립문화재연구원으로 옮겨 각 부재의 보수 작업에 들어갔다. 비바람으로 인해 약화된 대리석을 단단하게 경화(硬化) 처리하고, 균열 부위를 천연 접착제로 붙였다. 1960년 복원 때 채워넣었던 시멘트를 제거하고 레이저를 이용해 표면의 오염물도 닦아냈다. 해체된 탑의 부재 142개 가운데 심하게 손상된 64개를 새로운 대리석으로 교체했다. 이 탑의 원래 대리석과 암질(巖質)이 유사한 강원도 정선군 지역의 대리석을 사용했다. 물론 원 부재의 조각이나 형태 등 원래 모습을 그대로 살렸다.

보수 및 보존처리를 하는 사이, 문화유산 전문가들은 경천사지 10층석탑을 국립중앙박물관 실내에 전시하기로 결정했다. 야외에 세울 경우, 다시 훼손이 진행될 수 있기 때문이었다.

보수·복원의 마지막 단계는 142개 부재를 다시 서울로 가져와 국립중앙박물관 실내에서 하나하나 쌓아올리는 일이었다. 이 또한 고난도 작업으로 5개월 동안 진행되었다. 탑을 안정감 있게 받치기 위해 국립중앙박물관 중앙홀의 바닥엔 받침대를 만들었다.

우선 맨 아래쪽에 철제 받침대를 만든 뒤 넓적한 화강석 판을 올려놓고 그 위에 경천사지 10층석탑을 세웠다. 철제 받침대는 가로세로 6×6미터, 높이 65센티미터. 이 받침대는 규모 8의 지진에도 견딜 수 있도록 설계했다. 받침대의 아래쪽은 레일과 바퀴로 중앙홀 바닥과 연결되어 있다. 지진이 발생했을 때 받침대가 레일 위를 움직이며 충격을 흡수하도록 한 것이다.

10년에 걸친 해체·보수·복원 작업은 2005년 8월 모두 마무리되었다. 탑은 다시 씩씩하고 세련된 모습을 되찾았다. 그것은

개성을 떠나 일본, 서울 경복궁, 대전으로 전전했던 '유랑 100년
의 수난사'를 마무리 짓는 뜻깊은 작업이었다.

　그렇다면 경천사지 10층석탑의 유랑은 정녕 끝난 것일까. 문
화유산은 원칙적으로 원래의 자리에 있어야 한다. 그래야 문화
유산의 의미가 제대로 살아날 수 있기 때문이다. 경천사지 10층
석탑도 마찬가지다. 하지만 지금은 분단되어 고향으로 돌아갈
수 없다. 안타까운 일이다. 식민 지배와 분단이라는 근대기의
수난을 고스란히 담고 있는 경천사지 10층석탑. 너무 세련되고
아름다워 때로는 더 슬프게 다가온다. 통일이 되고 이 탑이 개
성의 고향 땅으로 돌아갈 수 있으면 좋겠다.

# 법천사지 지광국사탑, 113년 만의 설레는 귀향

## 지광국사탑이 법천사 터를
## 떠나 떠돌게 된 사연

강원도 원주시에 가면 법천사(法泉寺) 절터가 있다. 법천사는 통일신라 때인 8세기 초 법고사(法皐寺)라는 이름으로 창건되었으나 후에 법천사로 바뀌었고 조선 시대 언젠가 절 자체가 사라져버렸다.

쓸쓸한 절터엔 고려 시대의 승려 지광국사(智光國師, 984~1070)의 흔적이 남아 있다. 지광국사가 세상을 떠나자 그를 기리기 위해 법천사에 승탑과 기념비를 세웠다. 국보 법천사지 지광국사탑(1070~1085년 건립)과 국보 법천사지 지광국사탑비(1085년 건립)다. 지광국사탑은 지광국사의 사리를 모신 승탑(부도)이고 탑비는 그의 공적을 기록한 비다.

그런데 지금 법천사 터엔 지광국사탑비만 서 있고 지광국사
탑은 보이지 않는다. 원래 한 쌍이었던 두 문화유산이 짝을 잃
고 서로 떨어져 있기 때문이다. 지광국사탑이 법천사 터를 떠나
게 된 사연은 이렇다.

1911년 가을, 한 일본인(A)이 법천사 터에 있던 지광국사탑
을 한 주민에게서 사들였다. A가 주민으로부터 '사들였다'고 하
지만 사찰의 승탑을 개인이 매입한다는 것 자체가 말이 안 되는
일이다. 사찰의 승탑을 개인 주민이 소유하고 있었다는 것도 어
불성설이다. 못된 일본인이 주민을 속여 훔쳐간 것이나 마찬가
지다.

1911년 A는 곧바로 경성(서울)에 사는 일본인 부호(B)에게 지
광국사탑을 팔았다. B는 서울 명동의 한 병원으로 승탑을 옮긴
뒤 1912년 남창동 자신의 집 정원으로 다시 옮겼다. 이어 B는
일본 오사카에 사는 또 다른 일본인(C)에게 탑을 팔아넘겼고 결
국 C에 의해 일본으로 반출됐다.

소식을 접한 조선총독부는 "지광국사탑은 국유지 안에 있는
것이니 반환하라"고 압력을 넣었다. 1915년경 B는 오사카로 건
너가 C로부터 지광국사탑을 다시 사들인 뒤 총독부에 헌납했
다. 우리의 소중한 문화유산을 저들끼리 사고팔고 돌려받고 한
것이다. 모두 불법 약탈이다.

경복궁에 자리 잡았던
법천사지 지광국사탑

강원도 원주시에 있는
법천사지 지광국사탑비

   천만다행으로 지광국사탑은 돌아왔으나 이 탑이 자리 잡은 곳은 원래 장소가 아니라 서울의 경복궁이었다. 조선총독부는 1915년 경복궁에서 여러 전각을 파괴하고 조선물산공진회를 개최하면서 지광국사탑을 경복궁 행사장에 장식용으로 세워놓았다. 지광국사탑은 그렇게 경복궁에 자리 잡게 되었다. 원주에는 지광국사탑비만 홀로 남아 빈터를 지켜야 했다. 식민지의 아픔이었다.

   그런데 경복궁에서 지광국사탑은 또 다른 수난을 겪었다. 한국전쟁 때 폭격을 당한 것이다. 몸체 일부만 남고 상륜부와 옥개석(지붕돌)이 박살이 났다. 1957년 시멘트를 이용해 부서진 조각들을 붙이고 시멘트로 채워넣는 보수작업이 이뤄졌다. 그동안 많은 사람들이 보아온 국보 지광국사탑은 경복궁에 있을 때의 모습이다. 탑을 잘 들여다보면 조각조각 붙여놓은 자국이 의외로 많다. 시멘트로 채워넣은 부분도 곳곳에서 발견된다. 한마디로 상처투성이였다.

## 탁월한 조형미와 자유분방한 표현기법의 지광국사탑

비록 상처투성이지만 국보 법천사지 지광국사탑은 아름답고 매력적이다. 스님의 사리를 안치하는 전통 승탑 가운데 가장 화려하고 아름다운 것으로 평가받는다. 통일신라 때까지의 승탑이 대부분 8각 평면을 기본으로 삼았던 것에 비해 지광국사탑은 4각 평면을 기본으로 했다는 점이 특히 새롭다.

지광국사탑은 전체적으로 조형미가 탁월하다. 자유분방하고 화려하지만 어지럽거나 경박하지 않다. 돌을 다루는 기술과 표현 기법도 뛰어나다.

특히 표현에서 참신한 발상이 두드러진다. 바닥돌을 보면, 네 귀퉁이마다 용의 발톱을 조각했다. 탑신을 보면, 앞뒤로 문짝을 본떠 새겼다. 사리를 모시는 곳임을 표시하기 위함이다. 다른 승탑에서 발견할 수 없는 흥미롭고 창의적인 면모다. 이러한 면모는 짝을 이루는 국보 지광국사탑비에서도 나타난다. 이

비에서는 왕관 모양의 머릿돌이 인상적이다. 이것은 이전의 석비에서 볼 수 없는 새로운 모습이다.

경복궁에 자리 잡은 지광국사탑은 한국전쟁 이후의 삶도 순탄하지 않았다. 2005년 국립중앙박물관을 서울 용산으로 이전할 때의 일이다. 그때 경복궁 경내에 있으면서 국립중앙박물관이 관리하던 야외 석조물들을 모두 용산의 새 국립중앙박물관 야외로 옮기기로 했다. 여기에 지광국사탑도 포함되었다. 그러나 논의가 진행되면서 지광국사탑은 이전 대상에서 빠지게 되었다. 지광국사탑을 옮기려면 부재를 해체해야 하는데, 상태가 매우 위태롭기 때문에 해체하다 보면 와르르 무너져버릴 수 있다는 판단에 따른 것이었다.

경복궁에 남게 된 지광국사탑은 상태가 더욱 악화되었고 문화재청(국가유산청)은 결국 2016년 전면 해체·수리하기로 결정했다. 이후 대전의 국립문화재연구원에서 보수 및 보존처리가 진행되었고 이 과정에서 새로운 논의가 시작되었다. 보존 처리가 끝난 뒤 이 탑을 어디에 세울 것인가의 논의였다.

신중한 논의 끝에, 지광국사탑을 고향인 원주로 돌려보내기로 결정했다. "문화유산은 제자리에 있어야 한다"는 원칙을 구현한 결정이었다. 다만 원래 자리인 법천사 터로 가느냐, 좀 떨어진 법천사 유적전시관(2022년 12월 개관) 실내로 들어가느냐를 놓고 문화재청과 원주시가 오랜 기간 고민해왔다. 원래 위치를 중시한다면 야외의 절터로 보내야 하고, 보존을 중시한다면 전시관의 실내로 보내야 한다. 모두 장단점이 있기에 어려운 선택이었다. 결국, 2023년 12월 원주시 법천사지 내에 있는 유적전시관으로 위치가 정해졌다.

식민통치와 전쟁의 상처를 고스란히 안고 살아온 국보 법천사지 지광국사탑. 수리와 보존처리가 끝나는 2024년 하반기에 이 탑은 고향 땅으로 돌아가게 된다. 무려 113년 만이다.

제3장

# 해외에 있는
# 국보급 문화유산

# 한국 땅을 밟은 〈몽유도원도〉, 꿈속인 듯 짧은 만남

△ ◠ □

## 일본의 한 대학 도서관에
## 소장된 안견의 〈몽유도원도〉

2009년 9월 국립중앙박물관에서 한국박물관 개관 100주년 특별전 '여민해락(與民偕樂, 백성과 함께 즐긴다)'이 열렸다. 1909년 우리나라 최초의 박물관인 제실박물관이 창경궁에 설립된 지 100년이 된 것을 기념하는 특별전이었다. 당시 출품작 가운데 가장 눈길을 끈 작품은 안견(安堅, 15세기)의 〈몽유도원도(夢遊桃源圖)〉(1447년)였다. 일본 나라현의 덴리대학교에서 빌려온 것으로 1986년, 1996년에 이어 세 번째 국내 전시였다.

2009년의 〈몽유도원도〉 전시는 국립중앙박물관이 오래전부터 준비해온 야심찬 기획이었다. 그러나 작품을 소장하고 있는

안견의 〈몽유도원도〉

일본 덴리대학교는 애초에 그림을 빌려줄 수 없다고 했다. 그러다 국립중앙박물관의 설득 끝에 2009년 초 '짧은 대여'를 결정했다.

그 후 전시 기간을 놓고 협상이 시작되었다. 국립중앙박물관은 20일을, 덴리대학교는 일주일을 제시했다. 수차례의 줄다리기 끝에 결국 9일로 타협을 봤다. '여민해락' 전시는 46일간이었지만 〈몽유도원도〉는 개막일부터 9일 동안만 전시해야 했다.

이 같은 상황에서 덴리대학교 도서관 측이 더 이상 이 작품을 한국 전시에 빌려주지 않을 것이란 소식이 언론을 통해 전해졌다. 〈몽유도원도〉를 볼 수 있는 마지막 기회라는 소문이 퍼지면서 국립중앙박물관 기획전시실에는 수많은 인파가 몰렸다. '여민해락' 특별전 46일 동안 전체 관람객 10만 7,000여 명 가운데 〈몽유도원도〉가 전시된 9일간의 관람객은 6만 1,000여 명. 〈몽유도원도〉 전시 기간에 관람객들이 집중적으로 방문한 것이다.

　일본 덴리대학교 중앙도서관에 있는 〈몽유도원도〉는 해외에 있는 우리 문화유산 가운데 가장 돋보이는 작품이다. 15세기 조선 세종 무렵의 화원(畵員)인 안견이 1447년에 그린 두루마리 그림으로 안평대군(安平大君, 1418~1453)이 꿈에 보았다고 하는 무릉도원의 모습을 안견이 화폭에 옮긴 것이다.

　가로 106.5센티미터, 세로 38.7센티미터 크기의 이 작품은 현실 세계와 환상적인 도원의 세계가 조화와 대비를 이루면서 신비롭고 웅장한 화면을 연출한다. 마치 현실의 세계에서 꿈속의 무릉도원으로 여행하는 듯 보는 이를 화폭 속 무릉도원의 세계로 끌고 들어간다. 특히, 다소 추상적인 듯하면서 첩첩이 펼쳐진 장대한 산세가 그림에 힘을 더해주면서 전체적인 분위기를 역동적이면서도 심오하게 이끌어간다.

## 당대 최고의 학자와
## 문화예술인들이 발문 남겨

　가로로 길게 펼쳐지는 동양의 두루마기 그림들은 흔히 오른쪽 위에서 시작해 왼쪽 아래로 내용이 전개되는데 〈몽유도원도〉는 그 반대다. 낙관(落款)이 오른쪽 아래에 있는 것도 이 때문이다. 낙관은 글씨나 그림에 작가가 자신의 이름이나 호를 쓰고 도장을 찍은 것을 말한다.

안평대군은 안견이 〈몽유도원도〉를 그려오자 당대의 여러 명사들에게 이 그림을 보여주었다. 그림을 본 그들은 감동적인 감상문을 작성했고 이것들은 그림 한쪽에 붙어 있다. 안평대군을 비롯해 신숙주(申叔舟)·정인지(鄭麟趾)·박팽년(朴彭年)·성삼문(成三問)·김종서(金宗瑞) 등 22인이 쓴 23편의 글이다. 글쓴이들은 모두 당대 최고의 학자, 문화예술인들이었다.

감상문까지 합하면 〈몽유도원도〉의 전체 길이는 20미터에 달한다. 안견의 그림도 대단하지만 이 그림을 감상하고 글을 써서 이어붙였다는 것도 참으로 흥미롭고 매력적인 스토리가 아닐 수 없다.

안평대군은 이 그림의 오른쪽에 '몽유도원도'라는 제목을 한자로 크게 써넣고 그 옆에 그림에 대한 느낌을 시로 적었다. 당대 최고의 문화예술인으로 꼽혔던 안평대군이 이 그림에 얼마나 애착을 가졌는지 잘 보여주는 대목이다.

〈몽유도원도〉가 언제 일본으로 빠져나갔는지는 정확하게 확인할 수 없다. 대략 19세기 후반이었을 것으로 추정되지만 정확한 것은 아니다. 그리고 일본인이 불법으로 반출해 갔다고 보는 사람도 있지만 이 역시 단정 지을 물증이 없다. 따라서 현재로서는 정상적인 경로를 통해 일본으로 넘어갔다고 보는 것이 합당하다.

이 그림이 일본에서 모습을 드러낸 것은 1893년 11월 일본

규슈 가고시마의 한 개인이 소장하고 있다는 사실이 알려지면 서다. 〈몽유도원도〉는 그 후 여기저기를 거쳐 1947년경 도쿄의 류센도(龍泉堂)라는 고미술 화랑으로 넘어갔다. 이어 1955년경 덴리대학교가 구입해 오늘에 이르고 있다.

이 작품이 덴리대학교로 넘어가지 않고 우리 품으로 다시 돌아올 수 있었다는 이야기도 전해온다. 1950년 한국인 고미술상이 작품을 들고 부산에 나타났다고 한다. 고미술상은 수집가였던 손재형(추사 김정희의 〈세한도〉를 일본에서 찾아온 수집가), 이영섭 등에게 작품을 보였고 구매자를 수소문했다. 그러나 가격이 너무 비쌌던 탓인지 매입자를 찾지 못하고 〈몽유도원도〉는 다시 일본으로 돌아갔다고 한다.

그러나 당시의 대표 수집가였던 간송 전형필에겐 이 소식이 전해지지 않았다는 얘기도 있다. 그 상황에 대해 누군가는 "1950년 간송이 그 소식을 들었더라면 틀림없이 작품을 구입했을 텐데"라고 아쉬워하기도 한다. 하지만 당시 들어왔던 〈몽유도원도〉는 진짜가 아니라 가짜였다는 얘기도 있다.

# 신라 승려 혜초의 인도와 서역 기행문 《왕오천축국전》

## 프랑스 동양학자가
## 중국 둔황 석굴사원에서 처음 발견

2010년 12월 국립중앙박물관에서 '실크로드와 둔황 : 혜초와 함께하는 서역 기행'이라는 특별전이 열렸다. 이 전시의 화제작은 혜초(慧超, 704~780)의 《왕오천축국전(往五天竺國傳)》이었다. 프랑스 국립도서관이 소장하고 있기에 영영 볼 수 없을 것 같았던 이 유물이 처음 공개 전시되었기 때문이다.

《왕오천축국전》은 혜초가 723~727년 인도와 서역(아랍, 페르시아, 중앙아시아 등)의 여러 나라를 여행하면서 보고 들은 내용을 기록한 것이다. 중국 사람들은 당시 인도를 천축이라고 불렀다. 《왕오천축국전》은 다섯 천축국(五天竺國), 즉 동천축, 서천축, 남

폴 펠리오가 막고굴 17호굴 안에서 고문서를 살펴보고 있다.

천축, 북천축, 중천축을 다녀온(往) 기록이라는 뜻이다.

《왕오천축국전》은 1908년 프랑스 동양학자 폴 펠리오가 실
크로드의 요충지인 중국 둔황(敦煌)의 불교유적 석굴사원(막고
굴)에서 발견했다. 중앙아시아 조사에 나선 펠리오는 중국 신
장(新疆) 위구르 지역의 카슈가르를 거쳐 1908년 2월 둔황에 도
착했다. 그의 머릿속은 온통 둔황 지역의 고문서였다. 그는 막
고굴 관리인을 설득해 17굴 석실 장경동(藏經洞)을 조사해도 좋

다는 허락을 받아냈다. 장경동은 고문서가 산더미처럼 쌓여 있는 곳이었다.

1908년 3월 어느 날, 고문서를 조사하던 펠리오는 앞뒤 일부가 떨어져나간 필사본 두루마리를 발견했다. 펠리오는 숨이 멎는 듯했다. 서명도 저자명도 떨어져나갔지만, 중국어(한문) 실력이 뛰어났던 펠리오는 그것이 《왕오천축국전》임을 단박에 알아챘다.

펠리오는 관리인과 흥정을 진행했고 중요 문서 6,000여 점을 선별한 뒤 헐값을 지불하고 그것들을 손에 넣었다. 펠리오는 그해 5월 둔황을 떠나 10월 베이징에 도착했고 거기서 문서들을 프랑스로 부쳤다. 《왕오천축국전》은 곧바로 파리에 있는 프랑스 국립도서관으로 들어갔다.

## 4년에 걸친 2만 킬로미터
## 대장정의 구법기행

혜초는 신라 땅 경주에서 태어났다. 719년 열다섯의 어린 나이에 밀교를 공부하기 위해 중국으로 건너갔다. 이어 723년 인도로 구법(求法)기행을 감행했다. 중국 광저우를 출발해 바닷길로 인도에 도착한 혜초는 불교의 8대 성지를 순례한 후 서쪽으로 간다라를 거쳐 페르시아와 아랍을 지났고 다시 중앙아시아를 거쳐 파미르 고원을 넘었다. 이어 쿠차와 둔황을 지나 727년

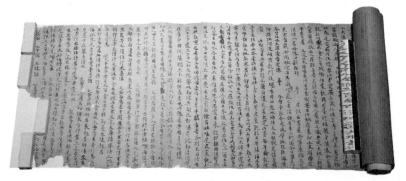

《왕오천축국전》 전체

국내에 전시된 《왕오천축국전》

11월 당나라 수도인 시안(西安, 당시는 장안)에 도착했다. 4년에
걸친 2만 킬로미터의 대장정이었다. 그 과정을 기록한 것이 바
로《왕오천축국전》이다.

《왕오천축국전》은 두루마리 필사본으로, 현재 227행에
5,893자가 남아 있다. 폭 42센티미터, 길이 358센티미터. 둔황
의 막고굴 장경동에서 발견된 필사본에 대해선 혜초가 직접 썼
을 것으로 보는 견해도 있고, 혜초의 원본을 보고 누군가 필사
했을 것으로 보는 견해도 있다. 원본이 아니라 축약본으로 추정
하기도 한다.

혜초의 천축 여행은 기본적으로 구법여행, 즉 불교여행이었다. 그러나 혜초의 관심은 불교에 머무르지 않았다. 정치·경제·사회는 물론이고 의식주와 같은 일상생활, 언어·지리·기후 등 인문지리까지 확장되었다. 혜초는 구법의 길을 떠난 밀교승(密教僧)이었지만 동시에 호기심 가득한 문명탐험가였다. 혜초를 "한국 최초의 세계인"이라고 부르는 것도 이런 까닭에서다.

혜초는 신라로 돌아오지 않고 중국 땅에서 생을 마쳤다. 둔황에 잠들어 있던 《왕오천축국전》은 푸른눈의 서양인에 의해 발견되었고 프랑스로 넘어갔다. 우리에게는 안타까운 일이다. 그러나 이 모든 것이 2만 킬로미터를 여행한 세계인 혜초의 운명이자 《왕오천축국전》의 매력일지도 모른다.

## 8세기 인도와 서역의
## 생활상 생생히 묘사

혜초가 둘러보고 기록한 지역은 모두 40여 곳. 여기엔 다섯 천축국뿐만 아니라 서역 중앙아시아 지방에 대한 다양한 정보가 가득하다. 혜초는 먼저 갠지즈강 유역 평야지대인 동천축의 바이샬리에 도착했다. 동천축에 대해 "사람을 파는 죄와 사람을 죽이는 죄가 다르지 않다"고 적었다. 석가모니 부처가 열반에 든 쿠시나가라 지역에선 "숲이 너무 우거지고 물소, 호랑이가 살고 있어서 예불하기가 어렵다"고 기록했다. 중천국은 석가모니가 태어난 룸비니가 위치한 곳. 룸비니를 찾은 혜초는 "성은 이미 폐허가 되었고 탑은 있으나 승려도 없고 백성도 없다"고 아쉬워했다. 반면 남천축에서는 "왕과 수령, 백성들이 삼보(불·법·승)를 숭상하며 절도 많고 승려도 많다"고 만족스러워했다.

다섯 천축국의 일상에 관한 내용도 들어 있다. "다섯 천축의 법에는 목에 칼을 씌우거나 매질을 하거나 투옥하는 일이 없다. 죄를 지은 자에게는 그 경중에 따라 벌금을 물리되 죽이지는 않는다" "서천축 사람들은 노래를 아주 잘 한다" "아랍의 침입으로 나라의 절반이 파괴되었다" 등등.

간다라, 바미얀을 거쳐 페르시아에 이른 혜초는 "페르시아의 왕은 예전에 아랍을 지배했었다…지금은 아랍에게 병합되어버렸다" "이곳 사람들은 살생을 좋아하며 불법을 알지 못한다"고 기록했다.

혜초는 중국으로 돌아가던 중 사마르칸트에 들러 "이곳에서는 낙타, 노새, 양, 말을 기르고…모두 수염과 머리를 깎고 흰 모직 모자를 즐겨 쓴다"고 적었다. 이렇게 《왕오천축국전》은 8세기 인도와 서역 곳곳의 언어와 지리, 역사와 종교 등을 보여주는 기록물이자 탐험 여행기라 할 수 있다.

《왕오천축국전》은 현재 프랑스에 있다. 이를 두고 '약탈당한' 문화유산으로 오해하는 경우가 있지만 그렇지 않다. 폴 펠리오가 1908년 막고굴 관리자로부터 헐값에 구입해 가져간 것이다.

약탈에 가까운 구매이긴 했지만 어쨌든 돈을 주고 구입했기에 중국도 소유권을 주장할 수 없는 상황이다.

《왕오천축국전》이 발견된 이후 대중들과 만날 수 있었던 공개 전시는 단 한 차례, 2010년 국립중앙박물관 전시뿐이다. 국내에 있었다면 국보나 보물로 지정되었을 것이다. 그렇기에 프랑스에 있다는 사실이 더더욱 아쉬움을 남긴다. 하지만 무작정 아쉬워할 일도 아니다. 해외에서 그 존재 의미를 드높이면 된다. 프랑스 소장기관과 적극적으로 논의해 프랑스에서 전시하고 연구, 활용하는 방안에 관심을 가져야 한다.

# 유네스코 세계기록유산에 등재된 세계 최고(最古) 금속활자본 《직지심체요절》

△ ◠ ▢

## 프랑스 국립도서관 소장품이 된 사연

1377년 충북 청주시 흥덕사에서 간행된 세계 최고(最古)의 금속활자본 고려 《직지심체요절(直指心經)》. 인류 역사상 우리가 가장 먼저 금속활자를 만들어 책을 찍어냈다는 증거물이다. 금속활자를 이용해 1455년 간행된 독일의 구텐베르크 성경보다 78년이 이르다.

《직지심체요절》의 원이름은 《백운화상초록불조직지심체요절(白雲和尙抄錄佛祖直指心體要節)》로 14세기 고려의 스님 백운이 선(禪)의 요체를 깨닫는 데 필요한 법어를 정리한 것이다. 그런데 《직지심체요절》은 현재 우리 땅에 있는 것이 아니라 프랑스 국립도서관에 소장돼 있다. 어떻게 프랑스로 넘어가게 된 것일까.

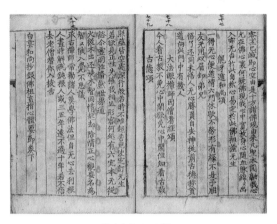

《직지심체요절》

《직지심체요절》을 프랑스로 가져간 사람은 1887~1905년 주한 프랑스 영사와 대리공사로 서울에서 근무했던 콜랭 드 플랑시라는 인물이다. 그가 공사 생활을 마치고 1906년 프랑스로 돌아갈 때 수집해 가져간 장서 속에 《직지심체요절》 하권이 포함되어 있었다. 프랑스에서 이 책은 골동품 수집가였던 앙리 베베르라는 사람에게 넘어갔다. 1950년 베베르가 사망하자 유족들은 그의 유언에 따라 프랑스 국립도서관에 이 책을 기증했다.

## 1997년부터 국내 존재하는
## 《직지심체요절》 찾기 운동 전개

그 후 《직지심체요절》의 존재는 잊혔다. 그러다 17년이 흐른

1967년 프랑스 국립도서관에서 사서로 일하던 한국인 사학도 박병선(朴炳善, 1923~2011) 박사가 《직지심체요절》의 존재를 확인하게 되었다. 그리고 1972년 5월 파리에서 열린 유네스코 지정 '세계 도서의 해' 기념 특별전에 《직지심체요절》이 출품되었다.

세계에서 가장 먼저 인쇄된 금속활자본이라는 사실에 많은 사람이 놀라움과 함께 경의를 표했다. 그러곤 곧바로 세계 최고(最古)의 금속활자본으로 공인받았다. 한국이 세계 최초로 금속활자를 만든 나라로 기록된 것이다. 그리고 30년 가까이 흐른 2001년, 《직지심체요절》은 유네스코 세계기록유산으로 지정되었다.

그러나 아쉽게도 국내에 《직지심체요절》은 남아 있지 않다. 금속활자로 찍어냈으니 여러 권이 있을 법도 한데, 아직 더 이상의 《직지심체요절》이 확인되지 않고 있다. 그래서 충북 청주시를 중심으로 1997년부터 《직지심체요절》 찾기 운동이 전개되고 있다. 여기엔 현상금까지 걸려 있다.

청주시와 직지찾기운동본부는 당시의 《직지심체요절》이 국내 어딘가에 한두 부 정도는 남아 있을 것으로 기대하고 있다. 하지만 아직까지 《직지심체요절》을 찾았다는 소식은 들려오지 않는다. 어딘가에서 이 위대한 문화유산이 우리 앞에 모습을 나타내주길 기대한다.

# 대부분 일본에 존재하는
# 고려불화 〈수월관음도〉

△ ○ □ _____

## 전 세계에 흩어져 있는 고려불화

고려는 불교를 숭상했기 때문에 고려 사람들은 불교 미술품을 많이 만들었다. 고려불화(佛畵)는 화려함과 섬세함이 돋보이는 종교미술의 명품이다. 섬세하고 단아한 형태, 원색을 주조로 한 화려한 색채와 호화로운 금니(金泥, 금가루 채색), 물 흐르듯 유려하면서도 힘 있는 선(線)의 표현 등 고려인의 미의식과 불교적 정신세계를 잘 보여준다.

그러나 고려불화를 이 땅에서 보기란 그리 쉬운 일이 아니다. 국내에는 고려불화가 거의 남아 있지 않고 대부분 해외로 나가 있기 때문이다.

현재 남아 있는 고려불화는 모두 160여 점. 일본에 130여 점이 있고, 나머지는 미국·영국·독일·프랑스·이탈리아·러시아·한국에 분산돼 있다.

## 고려 시대 불교미술의 화려함과
## 품격을 보여주는 걸작

고려불화는 부처의 모습이나 부처의 일생을 그린 것, 보살의 모습을 그린 것, 불경에 나오는 내용을 표현한 것 등 종류가 많다. 그 가운데에서도 〈수월관음도(水月觀音圖)〉가 가장 유명하다.

〈수월관음도〉는 선재 동자가 관음보살을 찾아가 불교의 도를 구하는 장면을 그린 것이다. 여기에서 수월(水月)은 물속에 비친 달을 말한다. 이것은 불교에서 세속의 헛된 꿈을 뜻한다. 따라서 〈수월관음도〉는 사람들이 마음 한 구석에 갖고 있는 허망한 욕망을 깨닫고 불심의 평정을 되찾고자 하는 의미를 담고 있는 것이다. 관음보살의 가르침을 통해 불심의 평정을 되찾는다는 점에서 수월은 또한 관음보살의 자비심을 상징한다.

〈수월관음도〉의 관음보살을 보면 보관(寶冠)을 썼고 온몸에 살갗이 드러나는 옷을 걸치고 있다. 오른발을 왼발에 올려놓은 반가(半跏) 형태를 하고 물가의 바위에 앉아 있다. 바로 옆에는 버드나무 가지 등이 꽂힌 정병(淨瓶)이 있고 발 아래쪽 관음의 눈길이 닿는 곳엔 선재동자의 모습이 보인다. 〈수월관음도〉는 대략 이런 모습이다.

일본 단잔진자의 〈수월관음도〉

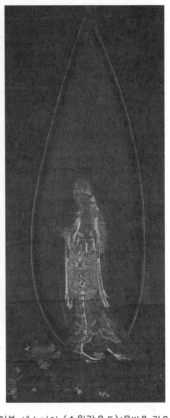

일본 센소지의 〈수월관음도〉(물방울 관음)

〈수월관음도〉는 국내에 거의 남아 있지 않고 대부분 일본에 있다. 일본에 있는 것 가운데엔 국보로 지정해도 손색이 없는 명품이 많다. 현존하는 40여 점의 〈수월관음도〉 중 가장 크고 대표적인 불화는 가가미진자(鏡神社)에 있는 것으로, 세로 4.19미터,

가로 2.54미터나 되는 대작이다. 1310년 고려 충선왕의 비(妃)인 숙빈 김씨의 발원(發願, 부처에게 소원을 빎)으로 김우문·이계·임순·송연석 등 여덟 명의 궁중화가가 그렸다.

　일본에 있는 또 다른 유명 작품은 교토 센오쿠하쿠코칸(泉屋博古館)에 있는 〈수월관음도〉로, 1323년 고려의 서구방(徐九方)이 그린 것이다. 일본 단잔진자(談山神社)와 센소지(淺草寺)에 있는 〈수월관음도〉도 뻬어나다. 단잔진자의 〈수월관음도〉는 선재동자를 맞이하는 관음보살을 단아하면서도 유려하게 표현했다. 센소지에 있는 〈수월관음도〉는 구도나 모습이 매우 특이하다. 관음보살이 은은한 녹색의 물방울 모양 광배 속에 서 있는 모습이어서 '물방울 관음'이라 부르기도 한다. 단잔지자와 센소지의 불화 모두 고려 시대 불교미술의 화려함과 품격을 보여주는 걸작들이다.

# 14세기 일본에서 인기 상품으로
# 거래된 고려불화

고려 시대 불화들은 언제 어떻게 일본으로 건너갔으며, 한국엔 왜
이렇게 고려불화가 거의 남아 있지 않은 걸까.

고려불화가 일본에 건너간 경위에 대해선 단정적으로 말하기 어렵
고 대략적인 추정이 가능할 뿐이다. 우선 두 가지 견해가 가능하다.
정상적인 방법으로 넘어갔을 것이라는 견해와 일본인들이 불법으로
약탈해 갔을 것이란 견해다. 그 방식이 어떠했든 일본에 고려불화가
많이 건너갔다는 점은 고려와 조선 시대 때 일본 사람들이 우리의
고려불화를 매우 좋아했음을 의미한다.

고려불화가 일본에 넘어간 과정은 시대에 따라 다르다. 고려 전기에
는 무역이나 교류를 통해 평화적인 방법으로 넘어갔을 것으로 보인
다. 하지만 14세기 고려 말 왜구 침입 당시와 16세기 임진왜란 당시
에는 일본인들이 고려불화를 약탈해갔을 가능성이 높다.

14세기 들어 한반도 해안가에는 왜구의 침략이 빈번해졌다. 왜구 침
략은 14세기 후반에 극에 달했다. 1380년대엔 매년 40회 정도 한반
도를 침략했다. 왜구는 사찰에 난입해 불교 문화유산을 약탈해갔다.
최선주 전 국립경주박물관장은 그의 박사학위 논문 〈일본 소재 고려
시대 불교미술의 연구〉에서 이렇게 설명했다.

"왜구가 탈취한 고려의 불교미술품은 불상, 범종, 불화, 사경(寫經) 등
다양한 것이었으나 그중에서도 우선 이동이 용이하고 재화적인 가

치가 높으면서 일본인들에게 거부감이 없는 것일수록 약탈 대상이 되었을 것이다. 이처럼 재료의 특성상 약탈하기도 쉽고 가벼워서 가장 용이한 것은 역시 불화이다."

왜구들이 불화를 약탈해 간 것은 일본에서 돈이 되기 때문이었다. 14세기 일본에서는 고려불화가 인기 상품으로 거래되었다. 우리에게 널리 알려진 일본 사가현 가가미진자의 〈수월관음도〉(1310년)는 일본인이 구입해 가가미진자에 기증한 것으로 전해온다. 이 작품의 화면엔 1391년 12월에 써넣은 글이 있는데 여기에 기증 내용이 들어 있다. 그 시절 일본에서 이미 고려불화가 유통되고 있었음을 보여주는 기록이다.

조선 전기에는 고려불화가 일본과의 교류를 통해 정상적인 경로로 일본에 넘어가기도 했다. 15세기 일본은 우리나라의 불경과 범종 등 불교 미술품에 대해 지대한 관심을 갖고 있었다. 그래서 불교 미술품을 전해달라고 조선 왕실에 여러 차례 요청하기도 했다. 조선 왕실이나 민간에서 일본인에게 불교 미술품을 선물했고 불화도 그렇게 해서 일본으로 넘어갔을 것이다.

그러나 임진왜란이 발발하면서 상황은 달라졌다. 약탈에 의해 고려불화가 유출된 것이다. 한 예가 나가사키의 사이쿄지(最教寺)에 있는 14세기 고려불화 〈열반도〉다. 이것을 임진왜란 때 일본으로 가져왔다는 기록이 불화를 보관하는 상자 뚜껑에 남아 있다. 임진왜란 때 불화를 가져갔다면 약탈일 가능성이 높다.

일제강점기 때에도 적지 않은 불화가 일본으로 유출되었다.

일본 다음으로 고려불화를 많이 갖고 있는 나라는 미국이다. 미국과 유럽에 있는 불화는 한국에서 직접 유출된 것이 아니라 일본으로 건너간 뒤 다시 그 쪽으로 넘어갔을 것으로 추정된다. 일본에서는 1868년 메이지유신 이후, 불교를 억제하는 정책을 펴면서 불상과 불화들이 적잖이 훼손되었다. 이 와중에 일본에 있던 불교 미술품이 해외로 유출되었을 가능성이 있다.

하지만 미 군정기(1945년 9월~1948년 8월)에 한국에 들어와 있던 미군들이 서울 인사동을 찾아 고려불화를 구입해 직접 미국으로 가져갔을 가능성도 있다.

외국으로 고려불화가 많이 유출되었다고 해도 우리나라에 고려불화가 거의 남아 있지 않은 것은 무슨 이유에서일까. 우선, 무수한 외침으로 불타버렸을 가능성이 크다. 특히 조선 시대엔 억불(抑佛)정책, 폐불(廢佛)정책으로 인해 많은 불화를 불태웠을 것으로 추정한다. 설령 적극적으로 소각하지 않았다고 해고 숭유억불(崇儒抑佛)의 사회 분위기 속에서 고려불화를 보존하는 데 관심이 없었을 것으로 생각된다. 그로 인해 고려불화는 한 점 두 점 훼손되면서 사라져갔을 것이다.

# 조선 시대 막사발이
# 일본의 국보라고?!

5

△ ⌒ □ ─────

## 찻사발에 대한
## 일본 무사들의 높은 관심

우리가 흔히 막사발이라고 불러왔던 것, 조선 시대 막사발 한 점이 일본의 국보로 지정되어 있다. 일본 교토의 다이도쿠지(大德寺) 분원인 고호안(孤篷庵)에 가면 '기자에몬(喜左衛門) 이도다완(井戸茶碗)'이라는 막사발이 있다. 높이 8.2~8.9센티미터, 지름 약 15.5센티미터 크기의 이 찻사발은 일본의 국보다. 이것은 조선 시대인 15~16세기경 경상도 남해안 지역에서 제작되었고 임진왜란 전후에 일본인들이 가져간 것으로 추정된다.

차 마시기를 좋아하는 일본인들이 지극히 평범해 보이는 이 찻사발을 자신들의 국보로 정해놓고 숭상하는 것은 무슨 까닭

일본 국보로 지정된 조선의 막사발 기자에몬 이도다완

일까. 무로마치 시대인 15~16세기 일본의 무사들 사이에선 차 마시는 것이 유행했다. 오다 노부나가, 도요토미 히데요시, 도쿠가와 이에야스 등 16세기 후반 일본을 호령했던 최고의 무사들은 차를 즐겼고 동시에 차 모임을 자주 열었다. 예법을 갖추어 차를 마시면서 서로의 결속을 다지기 위해서였다.

차에 대한 관심은 자연스럽게 찻그릇, 찻사발에 대한 관심으로 이어졌다. 그러던 중 그들은 조선의 찻사발을 발견하곤 그 아름다움에 매료되었다. 도요토미 히데요시도 이 찻사발에 매료돼 직접 소유한 적이 있다고 전해온다.

그 후 17세기 모모야마 시대의 다인(茶人)인 다케다 기자에몬이라는 사람이 이 사발을 소유하게 되었다. 그래서 기자에몬 이도다완라고 부르게 된 것이다. 그러나 왜 조선의 사발을 그들이 이도(井戶)라고 부르는지는 아직 정확하게 알려진 바가 없다.

이 이도다완은 지극히 평범하다. 별로 꾸민 대목도 없지만 꾸미지 않았기에 더 아름답다. 일본의 미술사가이자 민예이론가였던 야나기 무네요시도 "이도다완엔 경탄할 만한 자연의 지혜가 담겨 있다. 철학과 생활의 축소판으로서 그 아름다움은 솔직한 것, 자연스러운 것, 무심한 것, 사치스럽지 않은 것, 과장이 없는 것에 있다"고 찬사를 내놓은 바 있다.

이 막사발의 밑 부분과 굽 주변을 보면 오톨도톨한 부분이 있는데, 여기에 묘한 매력이 있다. 그릇 표면에 바른 유약이 녹아내리다가 불의 온도 부족으로 인해 완전히 녹아내리지 못하고 아랫부분에서 응결된 것이다. 막사발의 오톨도톨한 부분을 매화피(梅花皮)라고 부른다.

그런데 일본의 무사들은 이 부분을 특히 좋아했다고 한다. 그 오톨도톨한 촉감이 마치 칼집의 표면과 비슷했기 때문이다. 당시 무사들이 사용한 칼의 칼집은 철갑상어 가죽으로 감쌌다. 그러니 무사들이 이도다완의 밑 부분을 손으로 받칠 때마다 칼집의 촉감을 느꼈을 테고, 그 촉감을 통해 전의와 충성심을 되새겼을 것이다. 그래서 조선의 막사발을 그렇게도 좋아했던 것 같다. 16세기 전후 일본의 무사들은 찻잔을 통해 자신들의 정신세계를 가다듬었다고 볼 수 있다. 어찌 보면 막사발의 매화피는 불량품이어서 생겨난 것이지만, 일본인들은 이것을 무사의 상징으로 받아들인 것이다.

## 고난도의 자기 제작 기술이
## 일본에 전해지기까지

막사발은 이름 그대로 '막 만든 사발'이라는 뜻이다. 사발은 사기(沙器)로 만든 국그릇이나 밥그릇이다. 그럼, 사기의 정확한 개념은 무엇이고, 도자기(陶磁器)와는 어떤 차이가 있을까.

도자기는 도기(陶器)와 자기(磁器)를 합쳐 부르는 말인데, 도기는 토기와 비슷한 개념이다. 흙으로 그릇의 형태를 만든 뒤 섭씨 700~1,000도로 구우면 토기라고 하고, 섭씨 1,000~1,100도로 구우면 도기라고 한다. 높은 온도에서 구울수록 그릇은 단단해진다. 그래야 그릇에 물을 담아도 새지 않는다. 도기나 토기는 유약을 바르지 않고 구운 경우가 대부분이다.

자기는 초벌구이한 도기(토기)에 유약을 바르고 밀폐된 가마에서 섭씨 1,300도 안팎의 고온으로 한 번 더 구운 그릇을 말한다. 도기보다 훨씬 더 단단하고 표면에는 얇고 투명한 유리질 막이 생긴다. 지금까지 인간이 창조한 그릇 가운데 최고 수준의 그릇이다. 표면에 다양한 무늬를 넣어 장식하기도 하는데 우리의 고려청자, 조선백자, 분청사기 등이 이에 해당한다. 자기와 사기는 같은 것이라고 보면 된다.

그런데 자기는 만드는 과정이 상당히 고난도다. 지금 시대에는 어느 나라나 쉽게 자기를 만들어 사용하지만 500년 전만 해도 자기는 아무나 만들 수 있는 그릇이 아니었다. 1,300도의 고온으로 그릇을 굽는다는 것이 무척이나 어려운 일이었다. 뜨거움을 이겨내지 못하고 가마 속에서 그릇이 터지고 부서지기 때문이다. 따라서 축적된 노하우와 경험이 없으면 자기를 만들 수 없었다.

임진왜란 때 일본인들이 조선의 수많은 도공을 납치해 일본으로 데려간 것도 자기를 만들고 싶었기 때문이다. 결국 조선에서 잡혀가 일본 규슈의 아리타 지역에 정착한 도공 이삼평(李參平)이 17세기 초 일본인들에게 자기를 만들어주었다. 그렇게 해서 일본 자기의 역사가 시작되었고, 아리타는 일본 자기의 메카가 되었다.

고려와 조선은 자기의 선진국이었고 일본은 16세기까지 자기를 만들지 못했다. 만들고 싶었지만 기술이 부족해 번번이 실패했다. 그렇기에 일본인들은 고려의 자기, 조선의 자기를 매우 선망했다. 고려청자, 조선백자를 만들었던 우리는 이러한 막사발(기자에몬 이도다완)을 시시하게 여겼다. 그래서 막사발이라고까지 불렀는데도 일본인들은 이 막사발마저 수입해 찻사발, 찻잔으로 사용했다. 이 막사발은 15~16세기 일본을 호령했던 무사들의 사연이 담겨 있는 것이어서 일본인들이 더더욱 중요하게 여기고 있다.

# 칠지도, 백제가 만든
# 일본의 국보

△ ○ □ _____

## 칠지도를 둘러싼
## 한-일 고대사학계의 논쟁

2004년 1월, 일본 나라현 나라국립박물관에 한국인의 발길이 끊이지 않았다. 일본의 고도(古都)인 나라는 우리로 치면 경주나 부여쯤 되는 곳. 평소에도 이곳을 찾는 한국인이 적지 않았지만 이때는 더욱 많았다.

많은 한국인이 나라국립박물관에서 보려고 했던 것은 무엇일까. 바로 칠지도(七支刀 또는 七枝刀)였다. 칠지도는 '백제가 일본에 하사한 것인가, 아니면 헌상한 것인가'를 놓고 한-일 고대사학계에서 뜨거운 쟁점이 되어온 유물이다. 그 실물이 오랜만에 모습을 드러냈던 것이다.

칠지도

이 칠지도는 현재 일본의 국보이지만, 백제에서 만든 것이다. 이 칼이 언제 어떻게 일본으로 건너간 것일까. 과연 백제 왕이 일본 왕에게 하사한 것인가, 아니면 헌상한 것인가.

쇠로 만든 칠지도는 길이 74.9센티미터에 몸체 좌우로 나뭇가지 모양의 작은 날이 각각 3개씩 모두 6개가 서로 어긋나게 솟아 있는 형태다. 가운데 몸체까지 합하면 날은 7개가 되고 그래서 칠지도라고 부른다. 몸체 앞면에 34자, 뒷면에 27자 등 모두 61자의 글자가 금으로 상감되어 있다.

이 칼은 언제부터인지 정확하지 않지만 나라현 덴리시 후루마치의 이소노카미 신궁에 전해 왔다. 이소노카미 신궁은 일본에서 가장 오래된 신사의 하나다.

이 칠지도는 신궁에서도 아무도 들어갈 수 없는 금족지(禁足地)라는 곳에 비밀스럽게 보관되어왔다. 너무 비밀스러워 그 누구도 칠지도의 비밀상자를 열어볼 생각을 하지 못했다. 그랬던 칠지도가 그 베일을 열고 모습을 드러낸 것은 1874년. 이소노카미 신궁의 대궁사(大宮司, 주지)로 부임한 마사토모(菅政友)라는 인물이 몸체 앞뒤에 금으로 상감된 명문을 발견한 것이다. 그때까지만 해도 이 칼에 이 같은 글씨가 새겨져 있다는 사실을 몰랐다.

그 후 61자의 상감 글자에 대한 연구가 진행되었다. 연구가 이뤄지면서 이 명문의 해석을 놓고 한국과 일본 학계의 의견이 팽팽히 맞서게 되었다. 그 명문을 보자.

'泰□四年□月十六日丙午正陽造百鍊鋼七支刀□辟百兵宜供供侯王□□□□作', '先世以來未有此刀百濟王世□(子)奇生聖音故爲倭王旨造傳示□(後)世'(태□4년□월십육일병오정양조백련강철지도□피백병의공공후왕□□□□작', '선세이래미유차도백제왕세□(자)기생성음고위왜왕지조전시□후세).

여기에서 논란이 되는 대목은 제작 연대인 연호(泰□四年)와 '백제 왕세자가 왜왕을 위해 만들어 주었다(百濟王世子奇生聖音故爲倭王)'는 부분이다.

## 국권 침탈기에
## 유출된 것과는 큰 차이

먼저 일본의 해석을 보자. 19세기 말~20세기 초에 일본은 '泰□4년' 가운데 잘 보이지 않는 □자를 始(시)로 해독하고, 중국 서진 태시(泰始) 4년, 즉 서기 268년으로 보았다. 그런데도 《일본서기(日本書紀)》 가운데 신공(神功)황후 때의 기록인 〈신공기(神功紀)〉 52년(252년)의 내용과 연결시켰다. 거기엔 '백제왕이 구저 등의 사신을 보내 칠지도(七枝刀) 한 자루와 칠자경(七子鏡) 한 개 그리고 각종 보물을 바쳤다'는 대목이 들어 있다. 이 기록 속의 칠지도가 바로 이소노카미 신궁의 칠지도라고 주장했던 것이다.

1960년대부터 일본은 다시 泰□4년의 □자를 和로 해독했다. 이 주장에 따르면 중국 동진 태화(泰和) 4년, 즉 369년이 된다. 일본은 왜 다시 369년으로 해석했을까. 369년은 왜군이 낙동강 이남의 임나를 정벌했다고 주장하는 바로 그해. 이른바 '임나일본부(任那日本府)'설의 근거로 이용하기 위한 전략이었다. 그래서 일본은 "임나를 정벌한 야마토(大和) 정권에 백제가 칠지도를 만들어 헌상했다"고 주장하기 시작했다. 일본의 대표적인 국보 안내서 《국보여행(國寶の旅)》(講談社, 2001)에도 칠지도는 4세기에 제작된 것으로 나온다.

국내 학계의 견해는 이와 정반대다. 백제 왕세자가 일본 왕에게 '하사'한 칼이라는 것이다. 그 견해의 대강은 이렇다.

"칠지도에 나오는 태화라는 연호는 중국 것이 아니라 백제 고유의 연호다. 백제 왕이 일본에 있는 백제의 속국(식민지 또는 분국)의 왕에게 만들어준 칼이다."

어찌되었든 한-일 양국의 의견이 팽팽히 맞서는 형국이다. 일본의 해석에는 다분히 정치적 의도가 담겨 있다. 그러나 우리의 주장 역시 명쾌한 물증이 있는 것은 아니다. 최근엔 백제 왕세자가 대등한 입장에서 왜왕에게 칼을 만들어준 것으로 봐야 한다고 말하는 사람도 있다.

명문을 둘러싼 해석도 해석이지만 그에 못지않게 궁금증을 자아내는 것은 《일본서기》에 나오는 칠지도가 바로 이소노카미 신궁에 전해오는 지금의 칠지도인가 하는 의문이다. 사실 지금 우리가 보는 칠지도는 가지가 7개라기보다는 6개라는 생각을 지울 수 없다. 가운데의 몸체를 가지로 보는 것은 상식에서 벗어나기 때문이다. 특히 지금의 칠지도가 신궁에서 발견되었을 때, '육차모(六叉鉾)'로 불렸다는 점도 이런 의구심을 더해준다. 이소노카미 신궁의 육차모가 《일본서기》의 칠지도로 둔갑했을 가능성도 있다. 하지만 이 역시 추론일 뿐, 객관적인 증거를 댈 수는 없다.

현재로선 한-일 양국이 모두 공감하는 하나의 의견을 내놓기란 거의 불가능한 상황이다. 칠지도 유물이 제대로 공개되지도 않는 데다 공동 연구마저 어렵기 때문이다. 현실적으로 볼 때, 칠지도는 당분간 베일에 가려 있을 수밖에 없다.

# 미국 소재의 우리 문화유산 은주전자와 〈해학반도도〉

7

△ ⌂ □ _____

## 고려 시대 가장 우수한 금속 공예품
## 은제 금도금 주전자

2009년 가을, 서울 용산구 국립중앙박물관에서 한국박물관 개관 100주년 기념 특별전이 열렸다. 당시 출품된 문화유산 가운데 가장 화제가 되었던 것은 일본 덴리대학교에서 빌려온 안견의 〈몽유도원도〉였다. 그러나 〈몽유도원도〉 못지않게 관객들을 사로잡은 작품이 있었다. 고려 때 만든 은제 금도금 주전자와 받침이었다. 그 모양이 화려하고 이색적인 데다 미국에서 빌려왔다는 사실이 알려지면서 많은 사람들은 주전자의 매력에 빠져들었다.

이 주전자는 고려 시대의 가장 우수한 금속 공예품 가운데 하

은제 금도금 주전자와 받침

나로 꼽힌다. 은으로 만든 뒤 표면을 금으로 도금했으며, 주전
자의 전체적인 색깔과 모양이 매우 고급스럽고 화려하다. 뚜껑
을 보면 연꽃이 겹겹으로 피어 있고 맨 위엔 한 마리 봉황이 앉
아 있다. 마치 연꽃의 향연처럼 보인다.

　주전자 몸체 표면에는 빙 둘러가면서 대나무 줄기를 표현했
고 그 줄기마다 연꽃무늬와 넝쿨무늬를 음각으로 새겨넣었다.
주둥이는 대나무의 마디마디로 형상화했다. 전체적으로 조형
미가 뛰어나다. 주전자를 받치는 받침까지 세트로 온전하게 남
아 있어 그 가치가 더욱 높다. 그래서 "세계에서 가장 아름다운
주전자"로 부르는 이도 있다.

이 주전자는 미국 보스턴 박물관 소장품이다. 언제 어떻게 미국으로 건너갔는지 정확히 알려지지 않았지만 분명한 것은 우리 조상이 만든 명품이라는 사실이다.

## 조선 말 궁중 장식화의 면모 드러내는 〈해학반도도〉

하와이 호놀룰루 아카데미 미술관에 있는 19세기 〈해학반도도(海鶴蟠桃圖)〉도 눈길을 끄는 미국 소재 한국 문화유산이다. 이 12폭짜리 병풍은 호놀룰루 아카데미 미술관이 1927년 뉴욕에 있는 일본 야마나카 골동상회를 통해 구입한 것이다.

2006년 호놀룰루 아카데미 미술관의 요청으로 2007년 국내로 돌아와 국립문화재연구원에서 보존처리를 마쳤고 한 차례 국내 전시를 거친 뒤 2008년 다시 미국으로 돌아갔다. 보존처리 과정에서 병풍 오른쪽 위에 금가루로 임인(壬寅)이라는 간지가 써 있는 것을 확인했다. 이 간지로 보아 1842년 또는 1902년에 제작했을 것으로 보인다.

이 작품은 장수의 상징인 해·구름·물·바위·학·영지·복숭아 등을 그려 궁중 연회 때 사용했던 채색 장식화다. 십장생 가운데 바다(해, 海)와 학과 복숭아(반도, 蟠桃)를 중심으로 그렸다고 해서 특별하게 〈해학반도도〉라고 부른다. 반도는 선경(仙境)에서 자라는 커다란 복숭아를 말한다. 이 〈해학반도도〉는 6폭짜리

미국 호놀룰루아카데미 미술관 소장 〈해학반도도〉

병풍 한 쌍(총 12폭)으로 되어 있고, 전체 크기는 271×714센티미터다.

화면 전체를 압도하는 오색구름, 물결 위로 떠오르는 붉은 해가 강렬하게 다가온다. 바다 위를 날고 있거나 서로 마주보고 서 있는 학 10마리 모습도 인상적이다. 커다란 복숭아의 모습에서 무릉도원 선경의 분위기를 느낄 수 있다. 화면 곳곳을 금박으로 장식해 화려함을 극대화했다. 조선 왕실과 백성의 건강과 장수, 번영을 기원하는 마음을 화려하면서도 시원하게 표현한 작품이다.

금박 장식과 화려한 채색, 수채화를 연상시키는 화법, 12폭에 이르는 초대형 크기 등을 주목해보면, 우리가 흔히 보아온 일반적인 십장생 병풍과는 그 분위기가 사뭇 다르다. 따라서 조선 말기 궁중 장식화의 또 다른 면모를 잘 보여주는 작품이라고 할 수 있다.

제4장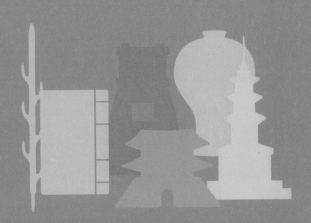

# 국보를
# 기증한 사람들

# 국립중앙박물관
# 기증관에 가면

국립중앙박물관에 가면 2층에 기증관이 있다. 국립중앙박물관이 기증받은 문화유산을 선보이고 기증자들의 숭고한 뜻을 기리는 공간이다. 국립중앙박물관은 1945년 12월 개관한 이후 2024년 1월까지 모두 5만 2,000여 점의 문화유산을 기증받았다. 기증자는 322명이고 기증 건수는 387건이다.

첫 사례는 1946년 7월 유명 컬렉터였던 이희섭(李禧燮)이 금동불상 등 3점을 기증한 것이다. 1940년대에 국립중앙박물관에 유물을 기증한 사람은 이희섭이 유일했다. 이후 1950년대 12건, 1960년대 26건, 1970년대 37건으로 늘어났다.

1974년 4월, 의사 컬렉터인 박병래(朴秉來)는 362점의 백자를 국립중앙박물관에 기증했다. 국내 최초의 대량 기증이었다.

국립중앙박물관 기증관 진입부에 마련된 '기증 오리엔테이션 공간'

1980년대 들어 문화유산 기증이 늘어나기 시작하더니 2000년 대부터는 눈에 띌 정도로 확산되면서 우리 사회의 아름다운 문화로 정착했다.

국립중앙박물관 기증관은 2년 동안의 개보수를 거쳐 2024년 1월 새롭게 문을 열었다. 기증관은 '기증 오리엔테이션 공간'과 '기증 주제 전시 공간'으로 나뉜다. 오리엔테이션 공간은 기증의 의미와 가치 등을 헤아려볼 수 있는 내용으로 꾸며져 있다. 주제 전시 공간에서는 다양한 기증품을 만나볼 수 있다. 최초의

박병래 기증 백자

'국립중앙박물관회 젊은 친구들' 기증 고려불감

대량 기증자인 박병래의 단아한 백자들, 4,000여 점을 기증한 개성 출신 기업인 컬렉터 이홍근(李洪根)의 다채로운 문화유산들, 한진해운 사장이었던 기업인 컬렉터 남궁련(南宮練)이 기증한 고려 시대 짐승얼굴무늬(鬼面) 청동로,《성문종합영어》의 저자 송성문(宋成文)이 기증한 국보와 보물의 서책(書冊)들, 검사 출신 유창종(柳昌宗) 변호사가 기증한 한국 최고의 기와들, 변호사 최영도(崔永道)가 기증한 삼국시대 토기들, 젊은 기업인들의 모임인 '국립중앙박물관회 젊은 친구들'(YFM, Young Friends of the Museum)이 일본에서 구입해 기증한 고려 금동불감(金銅佛龕)과 고려 나전칠기, 1936년 베를린 올림픽 마라톤 우승자 손기정(孫基禎)이 기증한 청동 투구…, 모두 110여 명이 기증한 문화유산 1,600여 점을 전시하고 있다.

기업인 컬렉터 손창근(孫昌根) 선생이 기증한 국보〈세한도〉와 윤동한(尹東漢) 한국콜마 회장이 일본에 있던 것을 구입해 기증한 〈수월관음도(水月觀音圖)〉는 2024년 5월 5일까지 특별 공개된다. 〈세한도〉와 〈수월관음도〉는 그 특성상 너무 오랫동안 전시를 할 수 없기 때문이다.

# 수집가들은 왜 문화유산을 기증할까?

　오랜 시간 동안 많은 돈과 열정을 투자해 정성껏 모은 컬렉션 (수집품)은 컬렉터(수집가)의 분신과도 같다. 이런 문화유산 컬렉션을 국가(국립박물관이나 국립미술관)나 지방자치단체(공립박물관이나 공립미술관) 또는 사설 기관(사립박물관이나 사립미술관)에 선뜻 기증한다는 것은 무척이나 어려운 결정이 아닐 수 없다. 그런데도 최근 들어 문화유산과 미술품을 기증하는 사람이 늘어나고 있다.

　사람들은 왜 기증을 하는 것일까. 또한 문화유산을 기증한다는 것은 어떤 의미가 있을까. 기증은 소장품을 내놓는 것이다. 개인이 소유하고 있던 것을 다른 사람들과 공유하는 것이다. 문화유산을 기억하고 감상하고 향유한다는 측면에서 볼 때, 기증은 사적(私的)인 영역에서 공적(公的)인 영역으로 나아가는 과정이라고 할 수 있다. 이렇게 기증은 문화유산이나 미술품을 이해하고 기억하고 향유하는 과정에서 각별한 의미를 지닌다.

대부분 기증은 사람들에게 감동을 준다. 그 감동은 그 기증 작품의 스토리가 되어 작품의 가치를 높여준다. 박물관이나 미술관에서 기증받은 문화유산을 감상할 때, 관람객들은 그 작품 자체의 특징이나 가치뿐만 아니라 그 작품의 내력과 기증자에 깊은 관심을 갖는다. 기증자는 이 작품을 언제 어떻게 수집했는지, 얼마를 주고 구입했으며 그 돈은 어떻게 마련했는지, 기증자는 이 작품의 어떤 점에 매료되었는지, 왜 기증을 하게 됐으며 기증을 할 때 아까운 생각은 들지 않았는지 등등. 이런 얘기를 접하면서 사람들은 감동을 느낀다.

하물며 그 기증자(컬렉터)가 유명한 사람이거나 사연이 있는 사람이라면 그 감동의 전파력은 더욱 강하다. 기증받는 기관(또는 개인)에 각별한 사연이 있다면 이 또한 큰 감동을 줄 것이고 사람들 사이에서 화제가 될 것이다. 이렇게 우리는 문화유산을 소장했던 컬렉터의 비밀스러운 스토리까지 공유하고 향유하게 된다.

2021년 4월 이뤄진 이건희 컬렉션의 기증이 극명한 사례다. 삼성과 이건희(李健熙, 1942~2020) 회장의 인지도와 화제성은 굳이 언급할 필요가 없다. 그런 이건희 컬렉션을 수십 점, 수백 점

이건희 컬렉션 기증작의 2022년 전시 모습(국립중앙박물관)

도 아니고 2만 3,000여 점을 기증했다는 사실, 기증품에 국보
와 보물이 즐비하고(국보 14점, 보물 46점) 이중섭·박수근·김환기
와 같은 인기 화가의 작품과 클로드 모네·마르크 샤갈·오귀스트
르누아르·폴 고갱·파블로 피카소 등 서양 인기 화가의 작품까지
포함됐다는 사실은 그 자체로 세상을 놀라게 했다. 이건희 컬렉
션의 기증은 엄청난 화제를 불러일으켰고 우리 사회가 문화유
산과 미술품 기증의 의미와 효과를 경험해보는 중요한 계기가
되었다.

# 국보 기마인물형 뿔잔을 내놓은
# 의사 이양선

　　국립경주박물관에 가면 국보 도기 기마인물형 뿔잔(삼국 시대 5세기)이 있다. 삼국 시대 때 제작된 이 뿔잔은 그 모양이 특징적이고 매력적이어서 국립경주박물관의 인기 전시품 가운데 하나로 꼽힌다. 이 뿔잔은 대구에서 이비인후과 전문의로 일하던 컬렉터 이양선(李養璿, 1916~1999)이 수집해 1986년 기증한 것이다.

　　이양선은 1950년대부터 고고(考古)유물에 심취했다. 고고유물이라고 하면 땅에서 출토된 유물로, 매장 유물 또는 매장 문화유산이라고 부르기도 한다. 이양선은 대구, 경주 등 경상도 지역을 중심으로 고고유물을 수집하기 시작했다. 선사 시대의 토기와 석기와 청동기, 삼국 시대의 토기와 마구(馬具, 말갖춤)와 장신구와 무기, 통일신라 시대의 토기와 와전과 금속공예품 등. 그가 수집한 것들은 대부분 고고학적 가치가 높은 매장 문화유산으로, 경상도 지역 고대사 연구에 중요한 자료가 된다.

이양선은 유물을 수집하면서 '문화유산은 개인의 것이 아니라 민족의 것'이라고 생각했다. 이런 생각을 실천하기 위해 그는 1986년과 1987년 국립경주박물관에 자신의 컬렉션 666점을 기증했다. 그가 기증한 문화유산에는 국보로 지정된 도기 기마인물형 뿔잔, 보물로 지정된 옻칠 발걸이를 비롯해 일본과의 교류를 보여주는 딸린곱은옥(母子曲玉) 등 귀중한 유물들이 많이 포함되었다. 이 가운데 가장 유명한 것이 국보 도기 기마인물형 뿔잔이다. 이 뿔잔은 그 모양이 특이하고 매력적인 데다 삼국 시대의 말갖춤을 보여주는 유물로 그 가치가 높다. 그 후 국립경주박물관에서 가장 중요하고 인기 있는 전시품의 하나로 자리 잡았다.

이양선 컬렉션은 보통의 컬렉터들이 주목하지 않는 고고유물을 적극적으로 수집했다는 점에서 의미가 크다. 적지 않은 컬렉터들은 도자기나 서화처럼 매매가 잘되거나 값이 많이 나가는 유물, 즉 투자 가치가 높은 유물을 선호하는 편이다. 하지만 이양선은 학술적 연구 대상으로 생각하고 고고유물을 수집했다. 특히, 자신이 수집한 고고유물의 출토지를 최대한 추적해 정리해놓았다. 이것도 모두 훗날 학술 연구를 위해서였다.

국립경주박물관의 이양선 기증실

그는 자신에게 유물을 파는 사람들로부터 꼭 출토지를 확인했다. 파는 사람이 유물의 출토지를 말하지 않으면 그것을 구입하지 않았다고 한다. 매우 엄격하고 꼼꼼한 수집 행위라고 할 수 있다. 국립경주박물관은 이양선의 호 '국은'을 따서 이름지은 '국은기념실'을 따로 마련해 이양선의 기증 유물을 전시하고 있다.

# 모든 장르의 명작 4,000여 점 기증한 개성상인 이홍근

△ ⌂ ☐ ─

이홍근(李洪根, 1900~1980)은 20세기 후반을 대표하는 컬렉터이자 개성 상인이다. 1900년 개성에서 태어난 그는 1919년 개성 간이상업학교를 졸업하고 서울로 올라와 동양물산에 입사했다. 이후 곡물상회, 양조회사, 보험사 등을 운영하다 1960년 동원산업을 설립했다. 부를 축적한 이홍근은 1950년대 한국전쟁 이후부터 우리 문화유산에 관심을 갖고 수집을 시작했다. 전쟁을 치르는 과정에서 너무나 많은 우리 문화유산이 훼손되는 것을 보았기 때문이다.

이홍근은 1960년대부터 최순우(崔淳雨, 전 국립중앙박물관장), 황수영(黃壽永, 전 국립중앙박물관장), 진홍섭(秦弘燮, 전 이화여대 박물관장) 등 당대의 내로라하는 문화유산 전문가, 미술사학자들

국립중앙박물관 기증관의 이홍근 기증코너

이홍근 기증 국보 백자상감연꽃넝쿨무늬 대접

과 어울리면서 안목을 키우고 수준 높은 컬렉션을 만들어나갔다. 최순우, 황수영, 진홍섭은 모두 개성 출신이었다. 이홍근은 수집품을 체계적으로 관리하기 위해 1971년 서울 성북동 자택에 미술관을 지었다. 그는 특히 수장고에 각별히 관심을 기울였다. 훼손된 작품은 해외에 보내 보수·보존 처리를 해올 정도였다.

1980년 겨울 이홍근은 세상을 떠나면서 자신의 컬렉션을 기증하라는 유언을 남겼다. 유족들은 그 뜻을 살려 1981년에 이홍근 컬렉션 4,941점을 국립중앙박물관에 기증했다. 이에 그치지 않고 국립박물관 연구 기금으로 주식 7만 주(당시 약 8,000만 원 상당)를 내놓았다. 유족들은 1995년, 2002년, 2003년에도 추가로 기증을 했다. 엄청난 규모의 기증이었다.

이홍근 컬렉션은 불교 공예, 토기, 와당, 고려청자, 조선백자와 분청사기, 각종 서화, 중국과 일본 미술품 등 시대와 장르를 망라한다. 기증품 가운데에는 도자기 명품들이 즐비하다. 특히 국보 백자 상감연꽃넝쿨무늬 대접과 같은 상감 백자가 여러 점 들어 있는데 상감 백자는 이홍근 컬렉션에서만 찾아볼 수 있을 정도로 매우 귀한 것이다.

그가 기증한 그림 역시 매력적이다. 강세황의 《송도기행첩》(18세기 후반), 조영석의 〈말 징 박기〉(18세기), 전기의 〈매화서옥도(梅花書屋圖)〉(19세기 중반) 등이 특히 인기 높은 명작들이다.

이홍근은 자신이 수집한 문화유산을 절대로 되팔지 않았다. 우리 문화유산을 지키기 위해 수집한 것이기 때문에 되팔아서 돈을 번다는 것은 그에게 있을 수 없는 일이었다. 그의 기증품 일부는 국립중앙박물관 기증관에 전시 중이다.

# 올림픽 우승 청동 투구까지 조국에 바친 마라토너 손기정

△ ◠ ▢ _____ 5

1936년 8월 9일 오후 5시 31분, 독일 베를린 올림픽 메인스타디움. 올림픽 마라톤 경기에 출전한 선수 가운데 한 명이 가장 먼저 메인스타디움에 모습을 드러냈다. 그는 빠른 속도로 트랙을 돈 뒤 맨 처음으로 결승선을 통과했다. 조선의 청년 손기정(孫基禎, 1912~2002)이었다. 2시간 29분 19초 2. 올림픽 신기록이었다. 손기정은 한 해 전에 출전한 올림픽 예선에서 이미 세계신기록을 세운 바 있었다. 3위는 조선의 남승룡(南昇龍, 1912~2001)이었다.

당시에는 올림픽 마라톤 우승자에게 그리스 유물을 기념 부상으로 주는 관행이 있었다. 마라톤이 그리스와 페르시아의 전쟁에서 유래했기 때문이다. 베를린 올림픽에선 그리스의 브라

디니신문사가 고대 그리스 청동 투구(기원전 6세기)를 부상으로
내놓았다. 1875년 독일 고고학자들이 그리스의 올림피아에서
발굴한 것이다.

그러나 국제올림픽위원회는 "아마추어 선수에겐 메달 이외
에 어떠한 부상도 줄 수 없다"며 손기정에게 투구를 전달하지
않았다. 손기정은 이런 정황을 알지 못했다. 일본 측이 국제올
림픽위원회에 강력하게 요구했다면 청동 투구를 받을 수도 있
었을 텐데, 일제는 관심이 없었다. 식민지 조선의 비애였다.

그 후 청동 투구의 존재는 잊혔다. 그러던 1975년 손기정은
우연히 이 같은 사실을 알게 되었다. 여기저기 수소문해보니 그
청동 투구는 베를린의 샤를로텐부르크 박물관에 보관 전시되
고 있었다. 샤를로텐부르크는 베를린 올림픽 메인스타디움이
위치했던 곳이다. 손기정은 대한올림픽위원회와 함께 반환을
요청했다. 독일 측은 반환을 거부했다. 다만, 복제품을 돌려줄
수는 있다고 했다.

손기정은 진품을 반환받기 위한 노력을 멈추지 않았다. 소식
을 전해들은 그리스 브라디니신문사와 그리스올림픽위원회가
반환 촉구 대열에 합류했다. 반환의 정당성을 강조하면서 독일
측을 압박했다. 청동 투구를 내놓은 그리스가 나서자 독일은 부
담을 느끼지 않을 수 없었다.

이러한 전방위 노력 끝에 1986년 청동 투구는 손기정의 품에

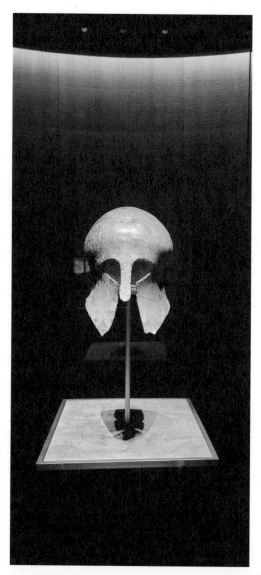

국립중앙박물관 기증관에 전시된 손기정 기증 청동투구

안겼다. 손기정이 우승한 지 50년 만이었다. 식민지 청년 손기
정의 올림픽 마라톤 우승은 그 자체로 극적인 사건이었다. 그
런데 청동 투구 역시 그 못지않은 드라마틱한 운명을 지닌 것
같다.

청동 투구를 되찾은 이듬해, 문화재청(국가유산청)은 이 청동
투구를 보물로 지정했다. 그리고 7년 뒤인 1994년 손기정은 국
립중앙박물관에 이것을 기증했다. 손기정은 투구를 기증하면
서 이렇게 말했다.

"이 투구는 내 개인의 것이 아니라 우리 민족의 것입니다."

청동 투구는 국립중앙박물관 기증관의 독립된 공간에 멋지게
전시되어 있다. 다양한 설명도 함께 소개해놓았고 모형도 마련
해 관람객들이 직접 만져볼 수 있도록 했다.

# 매력 만점 철화끈무늬 병과 짐승얼굴 청동로 내놓은 기업인 서재식과 남궁련

△ ⌂ ▢

국립중앙박물관 소장품인 보물 백자 철화끈무늬병(조선 16세기). 이 철화백자는 많은 팬을 거느리고 있다. 무심한 듯 자유분방하고 대범한 흑갈색 끈 무늬에 많은 사람이 매료되었기 때문이다. 그런데 이 백자가 이렇게 유명해진 건 30년도 되지 않았다. 그 대중적 인기의 중요한 계기는 1995년 기증이었다.

당시 이 백자를 소장한 사람은 한국플라스틱이라는 기업의 서재식(徐載軾, 1914~2000) 회장이었다. 1995년이면 한국플라스틱이 골드륨이라고 하는 바닥장판으로 대박을 터뜨릴 때였고 서 회장은 광고에 직접 출연해 화제를 불러일으키기도 했다. 우리나라에서 CEO가 해당 기업의 광고에 직업 출연한 첫 사례라고 한다. 그런 기업인이 국립중앙박물관에 특이하고 매력적인

서재식 기증 백자철화끈무늬 병

백자를 기증했다고 하니, 세상 사람들의 관심이 쏠릴 수밖에 없었다. 국립중앙박물관은 이 백자를 상설 전시했고, 사람들은 그 매력에 푹 빠져들기 시작했다.

이 철화백자의 디자인을 보면, 기다란 끈 한 가닥이 몸통을 타고 아래로 비스듬하게 흘러내린 모습이다. 삐뚤삐뚤한 흑갈색 선이 그저 단순하게 그려져 있을 뿐이다. 그런데 이 무늬를 차분하게 보고 또 보면, 놀랍게도 마치 병에 묶어놓은 실제 끈 같아 보인다. 백자 병에 술을 넣어 마시다 술이 남으면 허리춤에 차고

가라는 의미에서 끈을 그려넣은 것이 아닐까. 실제로 허리에 꿰
찰 수는 없겠지만, 이 철화백자를 보고 있노라면 기분이 좋아진
다. 특별한 꾸밈없이 쓱 그려 내려간 선 하나에 15세기 이름 없
는 도공의 익살과 여유, 허를 찌르는 상상력이 살아 숨쉰다. 우
리가 이런 매력을 즐길 수 있는 건 모두 기증자 덕분이다.

　국립중앙박물관 소장품인 국보 짐승얼굴무늬(鬼面) 청동
로(고려). 이것은 대한조선공사 회장을 지낸 남궁련(南宮鍊,
1916~2006)의 유족들이 2006년 기증한 것이다. 당시 유족들은
이것을 포함해 도자기, 서화(書畫) 등 256점을 기증했다.

남궁련 기증 짐승얼굴무늬 청동로

우리나라 해운·조선업계의 선구자인 남궁련은 대한조선공사(현 한진중공업) 회장과 한국일보 사장을 지냈다. 1997년과 1999년에도 국립중앙박물관에 문화유산을 기증한 바 있다. 우리의 문화유산을 세계에 알리고자 영국 대영박물관(브리티시뮤지엄)과 미국 메트로폴리탄 박물관에 백자와 청자 등을 기증하기도 했다.

이 짐승얼굴무늬 청동로는 그 모양이 매우 독특하다. 솥 모양의 몸체에 도깨비 얼굴을 형상화했고 3개의 다리가 달려 있는데 이 다리에 괴수 모양의 얼굴이 표현되어 있다. 전체적인 모습은 향로와 비슷한데 몸체에 바람이 들어갈 수 있도록 통풍구를 뚫은 것으로 보아 풍로로 사용됐던 것 같다.

이런 유형의 청동로로는 유일한 것이어서 그 가치가 크다. 높이 12.9센티미터의 자그마한 청동로인데 보면 볼수록 멋지고 매력적이다. 한번 감상하고 나면 오랫동안 머리에 남는다고 할까. 새로 단장한 국립중앙박물관 기증관에 고급스럽게 전시되어 있다.

# 국보와 보물 26건을
# 불과 4일 만에 기증한
# 《성문종합영어》 저자 송성문

2003년 3월 4일 국립중앙박물관에 옛날 전적(典籍) 100점이 도착했다. 기증품이었다. 여기에는 국보 4건, 보물 22건(31점)이 포함되어 있었다. 소장자가 기증하겠다고 약속한 것이 2월 28일이었는데, 불과 4일 만에 국보와 보물을 모두 박물관으로 보낸 것이다. 국립중앙박물관 연구원들은 깜짝 놀라 입을 다물지 못했다. "아니, 4일 만에 이 엄청난 것들을 그냥 기증하시다니…." 흔히 문화유산 기증이라고 하면, 기증하는 사람과 기증받는(수증, 受贈) 기관 사이에 기본적인 얘기를 주고받고 기증품을 선별하며 이런저런 절차를 밟느라 몇 개월 또는 몇 년이 걸리기 일쑤다. 그런데 이 기증은 처음 얘기가 나오고 불과 4일 만에 기증품이 박물관에 도착했다. 그것도 국보와 보물이 26건이

송성문 기증 국보 《초조본 유가사지론》과 국보 《초조본 현양성교론》

나 들어 있는 기증품이! 게다가 기증자는 그 흔한 전시 계획이
나 기증실도 박물관에 요구하지 않았다. "그냥 가져가라"는 얘
기뿐이었다. 국내외 문화유산 기증 사상 가장 전격적이고 가장
화끈한 사례라고 할 수 있다.

기증의 주인공은 《성문종합영어》의 저자 송성문(宋成文,
1931~2011). 그가 기증한 것은 국보 《초조본 대보적경(初雕本大
寶積經) 권59》, 국보 《초조본 현양성교론(初雕本顯揚聖教論) 권

12》, 국보《초조본 유가사지론(初雕本瑜伽師地論) 권15》등 국보 4건과《묘법연화경(妙法蓮華經)》등 보물 22건(31점)을 비롯해 모두 100건의 전적류 문화유산이었다. 국가 지정문화유산인 국보와 보물 26건이 한꺼번에 기증된 것은 당시로서는 상상도 할 수 없는 일이었다(이 기록은 2021년 이건희 컬렉션 기증으로 깨졌다).

송성문 컬렉션은 고려 시대와 조선 초기의 고인쇄 자료 분야에서 국내 최고 수준이다. 11세기에 제작한 초조대장경을 비롯하여 법화경, 금강경, 화엄경, 능엄경 등 목판본 불경이 망라되어 있다. 초조대장경은 거란의 침입을 물리치고자 제작한 우리나라 최초의 목판 대장경이다. 그런데 1232년 몽골의 침입으로 불에 타 사라졌기 때문에 이것을 찍은 인쇄본이 귀할 수밖에 없다. 그런 점에서 송성문 컬렉션 초조대장경 목판본의 가치는 두드러진다고 할 수 있다. 2003년 기증 당시 보물이었던《기사계첩(耆社契帖)》(1719)은 2020년 국보로 승격되었다.

송성문은 평북 정주시 출신으로 한국전쟁 때 홀로 월남했다. 1961년 부산 동아대 영문과를 졸업한 후 마산고 영어 교사로 재직하던 그는 중·고교 영어 참고서가 부족한 현실을 보고 직접 영어 참고서를 쓰기 시작했다. 그 결과물이 1967년 발간된《정통종합영어》였다.

이 참고서에 대한 학생들의 반응은 폭발적이었다. 이후《정통종합영어》를《성문종합영어》로 이름을 바꾸었고《성문핵심영어》《성문기본영어》도 출간했다. 모두 중·고생의 필독 참고서로 자리 잡으면서 희대의 베스트셀러가 됐다.

송성문은 1970년대부터 우리나라 전적류를 수집했다. 우리의 귀중한 고서들이 제지공장에서 파쇄되거나 가정집의 도배지로 사용되는 것을 보고 이래선 안 되겠다고 생각한 것이다. 그 후 송성문은 30년 동안 영어 참고서로 번 돈을 모두 고서와 전적을 수집하는 데 썼다.

원래 그는 통일이 되면 고향인 북한 땅 정주에 박물관을 지어 수집품을 전시하려고 했다. 그렇지만 그의 생전에는 통일이 어렵겠다는 생각이 들어 국립중앙박물관에 기증했다. 기증 직후 국립중앙박물관은 감사의 뜻으로 기증식을 마련했다. 그런데 송성문은 기증식에 모습을 보이지 않았다. "주목을 받는 것이 부담스럽다"며 큰아들만 기증식에 보내고 자신은 미국의 막내아들 집으로 도망가버렸다. 송성문은 한 달 뒤에도 19건 65점의 고서를 국립중앙박물관에 추가 기증했다. 국립중앙박물관 기증관에서 송성문 컬렉션의 대표작들을 감상할 수 있다.

# 8,400여 점 문화유산과 미술관을 통째로 기증한 개성상인 이회림

△⌂□

2001년 4월, 서울옥션 미술품 경매에서 겸재 정선의 〈노송영지도(老松靈芝圖)〉(1755)가 7억 원에 팔렸다. 당시 국내 미술품 경매 사상 최고가(最高價) 신기록이었다. 〈노송영지도〉는 현재 남아 있는 소나무 버섯 그림 가운데 최고 걸작으로 꼽힌다. 사람들은 그 작품을 누가 사들였는지 무척이나 궁금해했다. 그러나 경매를 진행한 서울옥션은 입을 다물었다.

이후 조금씩 소문이 났고, 개성상인 컬렉터인 이회림(李會林, 1917~2007) 동양제철화학 명예회장이라는 사실이 밝혀졌다.

4년 뒤인 2005년 5월, 이회림은 〈노송영지도〉를 비롯해 서화, 도자기, 금속공예품 등 50여 년 동안 수집한 문화유산 8,400여 점을 인천시에 기증했다. 작품뿐만이 아니다. 이 작품들을

이회림 기증 〈노송영지도〉

소장, 전시하고 있던 인천 남구 학익동의 송암미술관까지 통째
로 기증했다. 송암은 이회림의 호다. 기증 문화유산이 8,400여
점이라는 것도 놀라웠지만 미술관 건물과 땅까지 함께 기증하
는 것은 지극히 이례적이었다.

　이회림은 개성 출신이다. 고려의 수도 개성에서 고려청자를

보고 자란 그는 '나도 한번 고려청자를 모아봐야지'라는 생각을 갖게 되었다고 한다. 십대 때 잡화도매상 점원으로 일하면서 전국 방방곡곡을 돌아다녔다. 그때 우리 문화유산을 빼돌리는 일본인들을 자주 보았고 우리 문화유산을 지켜야겠다는 다짐을 하게 됐다.

　이회림이 처음으로 문화유산을 수집한 것은 한국전쟁 때 서울 동대문시장에서였다. 그때 정선의 그림과 도자기를 구입했다. 기분이 너무 좋아 그것을 이리저리 뜯어보느라 밤을 꼬박 새웠다고 한다. 그는 1950년대 인천에 동양화학(지금의 동양제철화학)을 창업했다. 사업은 계속 번창했고 본격적으로 문화유산을 수집하기 시작했다.

　1960년대에는 당대 최고의 컬렉터였던 개성 출신 이홍근의 집을 드나들었다. 1970년대에는 개성 출신인 최순우 전 국립중앙박물관장과 교유하면서 문화유산을 열심히 배우고 또 열심히 구입했다. 소장품이 늘어나자 1989년 서울 종로구 수송동에 송암미술관을 세웠고 이후 1992년 인천에 건물을 새로 지어 그곳으로 송암미술관을 옮겼다. 인천시에 기증된 송암미술관은 현재 인천시립박물관의 하나로 운영되고 있다.

# 마약 전문 검사 출신
# 유창종 변호사의 기와 사랑

△ ◠ ▢ _____

　서울지방검찰청 남부지청 특수부장검사, 대검찰청 중앙수사부장, 대검찰청 마약부장…. 언뜻 보면 무시무시한 직함들이다. 이런 자리를 두루 거친 검사 출신의 유창종(柳昌宗) 변호사는 우리 문화유산을 누구보다 아끼는 우리나라 최고의 기와 컬렉터다. 사람들은 그를 '기와 검사'라 부른다.

　2001년 그는 23년 동안 모았던 기와와 벽돌 1,875점을 국립중앙박물관에 기증했다. 그가 기증한 기와 컬렉션은 한국과 중국, 일본을 모두 아우르고 있어 그것만으로도 동아시아의 고대 기와를 충분히 연구할 수 있을 정도다.

　유 변호사가 기와를 처음 수집한 것은 1978년 충북 충주(청주지방검찰청 충주지청)에서 검사로 근무할 때였다. 원래 미술과 문화유산을 좋아했던 유 변호사는 충주에서 예성동호회를 만들었다. 예성은 충주의 옛 이름이다. 그해 어느 날 충주 탑평리 7층석탑(국보) 부근에서 신라시대의 연꽃무늬 수막새를 발견했다. 그 자리에서 그 수막새의 아름다움에 매료되었고 그때부터 와당을 수집하기 시작했다. 와당은 처마 끝을 마감하는 기와를 말한다. 암키와의 끝을 마감하면 암막새, 수키와의 끝을 마감하면 수막새라고 한다.

유 변호사와 문화유산과의 인연은 각별했다. 이듬해인 1979년 2월, 그는 예성동호회 회원들과 충주 문화유적을 답사했다. 의정부로 발령이 나서 다음 달 떠나는 것을 기념하는 답사였다. 그는 회원들과 함께 충주 탑평리 7층석탑을 지나 입석(立石)마을로 들어섰다. 누군가 석비 하나를 보고 가자고 제안했다. 그동안 무심히 보아온 석비였는데 그날 자세히 들여다보니 거기에 한자가 빼곡히 새겨져 있음을 확인했다. 놀라운 발견이었다. 그것은 결국 장수왕이 세운 충주 고구려비(국보)로 밝혀졌다.

열심히 기와를 수집하던 그가 기증을 결심한 것은 1982년이었다. 그해 일본인 의사 컬렉터 이우치 이사오(井內功, 1911~1992)가 국립중앙박물관에 한국의 기와를 기증했다는 소식을 접했다. 치과 의사였던 이우치는 어린 시절 삼촌이 건네준 통일신라 기와에 매료되었다. 이우치는 1964년부터 직접 한국의 기와를 수집하기 시작했다. 그렇게 수집한 한국 전통 기와 1,085

국립중앙박물관 기증관의 유창종 기증코너

유창종 기증 신라 연꽃무늬수막새

점을 국립중앙박물관에 기증한 것이다.

이 소식은 유 변호사를 충격에 빠뜨렸다. '일본인이 한국의 기와를 수집해 한국의 박물관에 기증하다니….' 한국인으로서 우리 기와를 지켜내지 못한 것이 부끄러웠다. 그는 '앞으로 더 적극적으로 기와를 수집하고 그것들을 박물관에 기증하겠다'고 다짐했다.

유 변호사는 2001년 기증으로 그 결심을 실천했다. 국립중앙박물관 기증관에 가면 그가 기증한 기와 컬렉션을 감상할 수 있다. 유 변호사는 기증 이후에도 계속 기와를 수집했다. 그는 서울 종로구 부암동에 유금와당박물관을 세워 그곳에서 자신의 기와 컬렉션을 선보이고 있다.

# 〈세한도〉는 민족의 것, 부자(父子) 컬렉터 손세기·손창근

10

△○□

 

2018년 11월, 한 원로 컬렉터가 문화유산 304점을 국립중앙박물관에 기증했다. 기증 문화유산에는 최초의 한글 서적인 《용비어천가(龍飛御天歌)》 초간본(1447), 추사 김정희의 그림 〈불이선란도(不二禪蘭圖)〉(1850년대)와 글씨 〈잔서완석루(殘書頑石樓)〉(1850년경) 그리고 정선, 심사정, 김득신, 허련, 장승업, 안중식 등의 그림이 포함되었다.

기증자는 기업인 컬렉터 손창근(孫昌根, 1929년생) 선생이었다. 그는 국내의 내로라하는 문화유산 컬렉터 가운데 한 명이다. 2018년 기증 당시, 세상 사람들은 그가 내놓은 기증작의 면면에 놀라움을 금치 못했다. 최고 수준의 컬렉션이었기 때문이다.

손창근 선생의 기증품을 두고 '손세기·손창근 컬렉션'(손·손

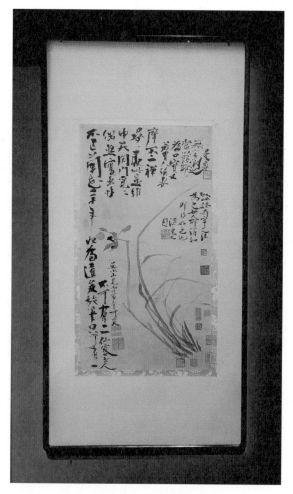

손창근이 기증한 김정희의 〈불이선란도〉

컬렉션)이라 부른다. 개성 출신의 기업가 컬렉터인 아버지 손세기(孫世基, 1903~1983)로부터 물려받은 컬렉션과 손창근 선생이 직접 수집한 컬렉션이 한데 어우러져 있기 때문이다.

손창근 선생은 오래전부터 기증을 해왔다. 2008년 국립중앙박물관에 연구 기금으로 1억 원을 쾌척했다. 2012년엔 경기 용인시의 임야 662헥타르(약 200만 평)를 산림청에 기증하기도 했다. 약 1,000억 원대에 달하는 임야였다. 이어 2017년엔 50억 원대의 부동산과 현금 1억 원을 KAIST에 연구용으로 기부했다. 이뿐만이 아니다. 아버지 손세기는 생전인 1973년과 1974년 서강대 박물관에 고서화 200여 점을 기증한 바 있다.

그런데 2018년 기증 때 손창근 선생은 추사 김정희의〈세한도(歲寒圖)〉(국보)는 제외했었다. 그때, 사람들은 손창근 선생이 이 작품을 자식들에게 물려줄 것인지, 아니면 언젠가 추가로 기증을 할 것인지 등 〈세한도〉의 향방에 큰 관심을 보였다. 〈세한도〉는 그가 아버지 손세기로부터 물려받은 것으로, 손·손 컬렉션 중에서도 가장 가치 있고 상징적인 문화유산이다. 그렇기에 2018년 304점을 기증하면서도 〈세한도〉만큼은 남겨놓은 것이다. 워낙 대단하고 상징적인 작품이기에 잠시만 더 갖고 있으면서 〈세한도〉와의 인연을 정리하려고 했던 것이 아니었을까.

결국 2020년 1월, 손창근 선생은 자신의 마지막 컬렉션 〈세한도〉를 국립중앙박물관에 아무 조건 없이 기증했다. 단일 작품

국립중앙박물관 기증관에 전시된 손창근 기증의 〈세한도〉

으로 치면, 우리나라 기증 문화유산 가운데 단연 최고 작품이라
고 할 수 있다. 세상 사람들은 깜짝 놀라면서 그에게 경의를 표
했다. 정부는 문화훈장 가운데 최고의 영예인 금관문화훈장을
수여했고, 문재인 대통령은 2020년 12월 손창근 선생을 청와대
로 초대해 감사와 존경의 뜻을 전했다.

# 세기의 기증,
# 이건희 컬렉션을 향한
# 대중의 뜨거운 관심

△ ⌂ ▢

2021년 4월 이건희 삼성그룹 회장의 유족이 이건희 컬렉션을 우리 사회에 내놓았다. 유족이 기증한 이건희 컬렉션은 모두 2만 3,181점. 국립중앙박물관에 문화유산과 고미술 2만 1,693점, 국립현대미술관에 국내외 근현대미술 1,488점, 광주시립미술관(광주)에 근현대 회화 30점, 대구미술관(대구)에 근현대 회화 21점, 박수근미술관(양구)에 박수근 작품 14점, 이중섭미술관(서귀포)에 이중섭 작품 12점, 전남도립미술관(광양)에 근현대 회화 21점을 기증했다.

이건희 컬렉션 기증은 그 양과 질에서 압도적이다. 기증작 2만 3,181점은 국내 문화유산·미술품 기증의 역사에서 최대 규모다. 국립중앙박물관이 지금까지 기증받은 5만 2,000여 점 가운

이건희 컬렉션 기증작의 2022년 전시 모습

데 이건희 컬렉션 기증작이 44퍼센트에 달한다. 국립현대미술관의 경우, 지금까지 5,455점을 기증받았는데 이건희 컬렉션 기증작이 27퍼센트를 차지한다.

　이건희 컬렉션 기증작들은 그 시공(時空)의 폭이 매우 넓다. 그동안 국내에서 문화유산과 근현대미술, 한국미술과 서양미술을 망라해 기증이 이뤄진 경우는 없다. 국립중앙박물관이 기증받은 문화유산은 선사 시대부터 조선 시대까지의 토기, 도자기, 금속기, 조각, 서화, 목가구 등 거의 모든 장르를 망라한다. 특히 겸재 정선의 〈인왕제색도(仁王霽色圖)〉(국보), 단원 김홍도

이건희 기증 정선의 〈인왕제색도〉

의 〈추성부도(秋聲賦圖)〉(보물), 고려불화 〈천수관음보살도〉(국보), 삼국 시대 〈일광삼존상(一光三尊像)〉(국보), 초기 철기 시대 〈청동방울〉(국보) 등 국보 14건, 보물 46건이나 포함되었다. 그때까지는 송성문 컬렉션 기증이 최다 국보·보물 기증(국보 4건, 보물 22건) 사례였다.

국립현대미술관이 기증받은 1,488점은 한국 근현대미술과 서양미술이다. 장르별로 보면 한국화, 서양화, 공예, 조각, 사진 등 다양하다. 작가별로는 김환기, 박수근, 이중섭, 장욱진, 유영국, 이응노, 변관식, 권진규 등 한국 작가 238명과 클로드 모네, 오귀스트 르누아르, 카미유 피사로, 폴 고갱, 마르크 샤갈, 호안 미로, 살바도르 달리, 파블로 피카소 등 서양 작가 8명의 작품이 포함되었다. 지방의 5개 미술관에 기증된 작품들은 그 지역 출신이거나 인연이 있는 작가들의 작품이 대부분이다.

이건희(李健熙, 1942~2020) 회장은 아버지인 삼성 창업주 이병철(李秉喆, 1910~1987)의 대를 이어 문화유산과 미술품을 수집했고 그 결과 국내 최고의 개인 컬렉션을 구축했다. 이병철은 1940년대부터 우리 문화유산을 수집하기 시작해 문화유산과 고미술 분야에서 빼어난 컬렉션을 만들었고 1982년 경기 용인시에 호암미술관을 설립해 컬렉션을 소장·전시했다. 호암은 이병철의 호다.

어려서부터 영화필름 수집광이었던 이건희는 아버지의 영향을 받아 1970년대부터 문화유산과 고미술, 근현대 미술을 수집했고 2004년 서울 용산에 삼성미술관 리움(LEEUM)을 건립했다. 현대미술과 서양미술은 부인인 홍라희(洪羅喜) 여사가 주로 수집했다. 따라서 이건희 컬렉션은 얼밀히 말하면 '이건희·홍라희 컬렉션'이라고 부르는 것이 적절하다.

기증이 이뤄지고 몇 달 뒤인 2021년 여름부터 기증받은 박물관 및 미술관을 비롯해 전국 곳곳에서 이건희 컬렉션 기증작 전시가 열리기 시작했다. 특히 2021년, 2022년에는 치열한 예매전쟁이 벌어졌고 전시장에서는 관람객들이 몇 시간씩 줄을 서서 기다리는 진풍경이 연출되었다.

2021년 6월 대구미술관 전시에선 BTS의 멤버 RM이 전시를

2022년 국립중앙박물관에서 열린
이건희 회장 기증 1주년 기념전 '어느 수집가의 초대'.
수많은 사람이 찾아 이 전시를 관람했다.

관람해 화제가 되기도 했다. 미술 마니아이자 컬렉터인 RM은 화가 유영국의 〈산〉 연작을 감상하는 모습을 촬영해 SNS에 올렸다. 유영국의 〈산〉 연작도 이건희 컬렉션 기증작 가운데 하나다. RM의 사진은 삽시간에 퍼져나갔다. 대구미술관 전시실의 사진 촬영 지점은 RM존이라 불리면서 BTS 팬뿐만 아니라 대중에게 하나의 성지(聖地)가 되었다. 인터넷을 검색해보면 RM과 같은 위치에서 촬영한 사진이 수두룩하다. RM은 그해 10월 전남도립미술관의 이건희 컬렉션 전시장도 찾았고, 그곳에서도 인증샷을 찍었다. 그곳 또한 인기 장소가 됐다.

2024년인 지금도 전국 곳곳에서 이건희 컬렉션 기증작 전시가 개최되면서 그 열기가 계속 이어지고 있다. 이건희 컬렉션 기증은 그 엄청난 파급력으로 문화유산을 수집하고 기증하는 것의 의미와 가치를 되새겨보는 계기를 제공했다. 그래서 사람들은 이 기증을 '세기의 기증'이라 부른다.

국보 및 문화유산 사진 목록

국보 목록

# 국보 및 문화유산 사진 목록

| 쪽수 | 사진 제목 | 사진 출처 |
|---|---|---|
| 13 | 공주 의당 금동보살입상 | 국가유산청 |
| 14 | 금동 연가7년명 여래입상 | 국가유산청 |
| 15 | 금관총 금제 허리띠 | 국가유산청 |
| 17 | 표충사 청동 은입사향완 | 국가유산청 |
| 17 | 《이순신 난중일기》 | 국가유산청 |
| 18 | 안평대군의 〈소원화개첩〉 | 국가유산청 |
| 32 | 가짜 거북선 총통, 가짜 거북선 총통의 글씨 | 국가유산청 |
| 42 | 낙서로 훼손된 삼전도비 앞뒷면과 보수작업 모습 | 국가유산청 |
| 49 | 병인양요 당시 프랑스군이 외규장각을 약탈하는 장면을 묘사한 그림 | 서울대 규장각 |
| 51 | 2005년 북관대첩비가 반환될 때의 모습 | 국가유산청 |
| 64 | 규장각의 부속 도서관인 강화도 외규장각 | 이광표 |
| 64 | 2011년 외규장각 도서 반환 모습 | 국립중앙박물관 |
| 66 | 외규장각 의궤《영조정순왕후가례도감의궤》친영반차도 중 일부 | 국립중앙박물관 |
| 67 | 어람용 외규장각 의궤의 비단 표지 | 국립중앙박물관 |
| 70 | 돌아온 자선당 석축 | 이광표 |
| 72 | 우리옛돌박물관이 환수한 조선 시대 문인석 | 이광표 |
| 73 | 일본에서 돌아온 오대산 사고본《조선왕조실록》 | 국가유산청 |
| 74 | 국민의 모금으로 환수한 최초의 유산 〈선무공신 김시민 교서〉 | 국가유산청 |
| 75 | 어재연 장군의 수자기, 미군의 군함 콜로라도호에 내걸린 수자기 | 국가유산청 |
| 77 | 2014년 공개된 수강태황제보(고종 어보) | 이광표 |
| 78 | 독일 미술품 경매에서 구입해온 김도화 책판 | 국외소재문화재재단 |
| 79 | 아름다운 한글 글씨체의 덕온공주 편지 | 국립한글박물관 |
| 80 | 북한으로 돌아간 북관대첩비와 표석 | 국가유산청 |
| 81 | 2011년 일본이 반환한《조선왕실의궤》와《퇴계언행록》 | 국립중앙박물관 |
| 87 | 국립중앙박물관에 설치된 경천사지 10층석탑 | 이광표 |
| 89 | 어니스트 베델 | 베델선생기념사업회 |
| 90 | 호머 헐버트 | 헐버트박사기념사업회 |
| 91 | 경천사지 10층석탑 조립 복원 장면 | 이광표 |

| 쪽수 | 사진 제목 | 사진 출처 |
|---|---|---|
| 96 | 경복궁에 자리 잡았던 법천사지 지광국사탑 | 국가유산청 |
| 96 | 강원도 원주시에 있는 법천사지 지광국사탑비 | 국가유산청 |
| 103 | 안견의 〈몽유도원도〉 | 일본 덴리대 도서관 |
| 108 | 폴 펠리오가 막고굴 17호굴 안에서 고문서를 살펴보고 있다. | 프랑스 기메미술관 |
| 110 | 국내에 전시된 《왕오천축국전》 | 국립중앙박물관 |
| 115 | 《직지심체요절》 | 국가유산청 |
| 120 | 일본 단잔진자의 〈수월관음도〉,<br>일본 센소지의 〈수월관음도〉(물방울 관음) | 국립중앙박물관 |
| 125 | 일본 국보로 지정된 조선의 막사발 기자에몬 이도다완 | 일본 네즈미술관<br>이도다완전 도록 |
| 130 | 칠지도 | 국립부여박물관 |
| 135 | 은제 금도금 주전자와 받침 | 이광표 |
| 137 | 미국 호놀룰루아카데미 미술관 소장 〈해학반도도〉 | 국가유산청 |
| 141 | 국립중앙박물관 기증관 진입부에 마련된 '기증 오리엔테이션 공간' | 이광표 |
| 142 | 박병래 기증 백자 | 이광표 |
| 142 | '국립중앙박물관회 젊은 친구들' 기증 고려불감 | 이광표 |
| 146 | 이건희 컬렉션 기증작의 2022년 전시 모습(국립중앙박물관) | 이광표 |
| 149 | 국립경주박물관의 이양선 기증실 | 이광표 |
| 151 | 국립중앙박물관 기증관의 이홍근 기증코너 | 이광표 |
| 151 | 이홍근 기증 국보 백자상감연꽃넝쿨무늬 대접 | 국가유산청 |
| 156 | 국립중앙박물관 기증관에 전시된 손기정 기증 청동 투구 | 이광표 |
| 159 | 서재식 기증 백자철화끈무늬 병 | 국립중앙박물관 |
| 160 | 남궁련 기증 짐승얼굴무늬 청동로 | 이광표 |
| 163 | 송성문 기증 국보 《초조본 유가사지론》과 국보 《초조본 현양성교론》 | 이광표 |
| 167 | 이회림 기증 〈노송영지도〉 | 이광표 |
| 171 | 국립중앙박물관 기증관의 유창종 기증코너 | 이광표 |
| 171 | 유창종 기증 신라 연꽃무늬수막새 | 국립중앙박물관 |
| 174 | 손창근이 기증한 김정희의 〈불이선란도〉 | 이광표 |
| 176 | 국립중앙박물관 기증관에 전시된 손창근 기증의 〈세한도〉 | 이광표 |
| 178 | 이건희 컬렉션 기증작의 2022년 전시 모습 | 이광표 |
| 179 | 이건희 기증 정선의 〈인왕제색도〉 | 국립중앙박물관 |
| 181 | 2022년 국립중앙박물관에서 열린 이건희 회장 기증 1주년 기념전<br>'어느 수집가의 초대' | 이광표 |

# 국보 목록

\* 국가유산청이 홈페이지를 통해 소개한 국보는 2024년 2월 현재 총 358건이다.
그러나 이 책에서는 《동궐도》《조선왕조실록》《동의보감》《삼국사기》와 같이 내용이 동일한 것들은 한데 묶어 소개한다.

| 명칭 | 명칭(한자) | 소재지 | 시기 | 본문 쪽수 |
|---|---|---|---|---|
| 서울 숭례문 | 서울 崇禮門 | 서울 중구 | 조선 14세기 | 1권 14-15 |
| | 조선 시대 한양도성의 남쪽 정문으로 현재 서울에 남아 있는 목조 건물 중 가장 오래되었다. 태조 4년(1395)에 짓기 시작하여 태조 7년(1398)에 완성하였다. 웅장하면서도 간결한 아름다움이 돋보인다. 현판은 세종의 맏형인 . 썼다. 2008년 방화로 불에 타는 수난을 겪기도 했다. 전체높이 22.16미터. | | | |
| 서울 원각사지 10층석탑 | 서울 圓覺寺址 十層石塔 | 서울 종로구 탑골공원 | 조선 15세기 | 1권 69 |
| | 원각사는 지금의 탑골공원 자리에 있었던 절로, 지금은 사라졌다. 그 절터에 있는 이 탑은 조선 세조 때인 1467년에 세웠다. 높이 약 12미터. 전체적인 모양이 독특하고 아름다우며 국보 86호 고려 경천사지 10층석탑과 매우 비슷하다. 현재는 탑의 보호를 위해 유리 보호각이 씌워져 있다. | | | |
| 서울 북한산 신라 진흥왕 순수비 | 서울 北漢山 新羅 眞興王 巡狩碑 | 서울 용산구 국립중앙박물관 | 신라 6세기 | |
| | 신라 진흥왕(재위 540~576)이 세운 순수척경비(巡狩拓境碑)의 하나. 한강 유역을 신라 영토로 편입한 뒤 왕이 이 지역을 방문한 것을 기념하기 위해 세웠다. 원래는 북한산 비봉에 자리하고 있었으나 현재는 국립중앙박물관으로 옮겨 보관 전시하고 있다. | | | |
| 여주 고달사지 승탑 | 驪州 高達寺址 僧塔 | 경기 여주시 북내면 | 고려 10세기 | |
| | 고려 전기의 대표적인 승탑 가운데 하나. 승탑은 스님의 사리를 안치하기 위해 만들며 부도(浮屠)라고 부르기도 한다. 신라 승탑의 형식 잘 따르면서도 세부 조각에서 고려 특유의 기법을 보여준다. 돌을 다듬은 솜씨와 조각 수법이 깨끗하고 세련되었다. | | | |
| 보은 법주사 쌍사자 석등 | 報恩 法住寺 雙獅子 石燈 | 충북 보은군 법주사 | 통일신라 8세기 | |
| | 석등은 부처의 가르침과 불교의 진리를 밝게 비쳐주도록 사찰 법당 앞에 세워 놓는다. 신라 성덕왕 때인 720년에 제작한 것으로 추정되는 이 석등은 당당한 품격과 경쾌한 모습이 돋보인다. 사자 두 마리로 석등의 기둥을 대신했는데 사자의 모습이 역동적이고 사실적이다. | | | |
| 충주 탑평리 7층석탑 | 忠州 塔坪里 七層石塔 | 충북 충주시 가금면 | 통일신라 9세기 | 2권 170 |
| | 남한강 경관과 잘 어울리는 통일신라 석탑으로, 8세기 후반에 만들었을 것으로 추정한다. 우리나라 한가운데에 있다고 해서 중앙탑이라 부르기도 한다. 전체적으로 웅장하고 시원한 모습이지만 전체적으로 지나치게 위로 길쭉한 편이다. 높이 12.7미터. | | | |
| 천안 봉선홍경사 갈기비 | 天安 奉先弘慶寺 碣記碑 | 충남 천안시 성환읍 | 고려 11세기 | |
| | 충남 천안의 봉선홍경사는 고려 1021년에 창건되었으나 현재 빈 터에는 절의 창건에 관한 내용을 기록한 갈기비(碣記碑)만 남아 있다. 갈기비는 규모가 작은 석비를 말한다. 이 비는 1026년에 세웠다. 비문은 해동공자로 불리던 고려 유학자 최충이 지었다. | | | |
| 보령 성주사지 대낭혜화상 탑비 | 保寧 聖住寺址 大朗慧和尙塔碑 | 충남 보령시 성주면 | 통일신라 9세기 | |
| | 통일신라 승려 낭혜화상의 탑비다. 입적한 지 2년 후 진성여왕 때인 890년에 세웠을 것으로 추정한다. 탑비엔 낭혜화상의 업적이 기록되어 있다. 통일신라 탑비 가운데 가장 당당하면서도 화려하고 아름다운 조각 솜씨를 보여준다. 비문은 최치원이 지었다. | | | |

| 명칭 | 명칭(한자) | 소재지 | 시기 | 본문 쪽수 |
|---|---|---|---|---|
| **부여 정림사지 5층석탑** | 扶餘 定林寺址 五層石塔 | 충남 부여군 부여읍 | 백제 7세기 | 1권 67 |
| | 국보 익산 미륵사지석탑과 함께 단 2기만 남아 있는 백제 석탑. 전체적으로 단정하고 경쾌하면서도 정제된 조형미를 보여준다. 한국에서 가장 아름답고 품격 있는 석탑 가운데 하나로 꼽힌다. 높이 8.3미터. 당나라 소정방이 백제를 평정했다는 내용을 표면에 새겨놓았다. | | | |
| **남원 실상사 백장암 3층석탑** | 南原 實相寺 百丈庵 三層石塔 | 전북 남원시 실상사 백장암 | 통일신라 9세기 | |
| | 이 탑은 여러모로 이색적이다. 우선, 보통의 탑과 달리 위로 올라갈수록 너비와 높이가 줄어들지 않고 일정하다. 표면엔 보살상, 신장상(神將像), 천인상(天人像), 난간 등을 다채롭게 조각했다. 과감하고 자유로운 디자인이 돋보이는 석탑이다. 높이 5미터. | | | |
| **익산 미륵사지 석탑** | 益山 彌勒寺址 石塔 | 전북 익산시 금마면 | 백제 7세기 | 1권 67, 134-139 |
| | 우리나라에서 가장 크고 가장 오래된 목조건축 양식의 석탑(639년 건립 추정). 탑이 상당 부분 무너지자 1915년경 일제가 콘크리트로 보강하여 반쪽 모양으로 6층까지 남아 있었다. 원래는 9층이었을 것으로 추정된다. 2001년부터 해체 보수복원 작업을 시작해 2019년 마무리되었다. | | | |
| **구례 화엄사 각황전 앞 석등** | 求禮 華嚴寺 覺皇殿 앞 石燈 | 전남 구례군 화엄사 | 통일신라 9세기 | 1권 67 |
| | 통일신라의 대표적 석등. 높이 6.4미터로 현존하는 전통 석등 가운데 가장 크다. 헌안왕 때인 860년에서 경문왕 때인 873년 사이에 세워졌을 것으로 추정한다. 활짝 핀 연꽃 조각에서 반듯한 아름다움을, 화사석(火舍石, 등을 넣는 곳)과 지붕돌에서 당당한 조형미를 느낄 수 있다. | | | |
| **강진 무위사 극락보전** | 康津 無爲寺 極樂寶殿 | 전남 강진군 무위사 | 조선 15세기 | 1권 38 |
| | 극락전은 강진 무위사에서 가장 오래된 건물로, 조선 세종 때인 1430년에 지었다. 지붕은 가장 단순한 맞배지붕을 하고 있다. 담백 간결 절제의 미학을 보여주는 조선 초기의 멋진 건축물이다. 사찰의 전체적인 분위기 역시 소박하고 명징하다. | | | |
| **영천 은해사 거조암 거조사 영산전** | 永川 銀海寺 靈山殿 | 경북 영천시 은해사 | 조선 초기 | |
| | 은해사 거조암의 중심 건물인 영산전은 석가모니불과 석조나한상을 모시고 있다. 맞배지붕에 주심포 양식으로, 고려 말~조선 초 전통건축의 특징을 잘 보여준다. 이 시기의 맞배지붕 건물이 그러하듯 꾸밈이나 장식 없이 단순 경쾌한 조형미가 돋보인다. | | | |
| **안동 봉정사 극락전** | 安東 鳳停寺 極樂殿 | 경북 안동시 봉정사 | 고려 13세기초 | |
| | 우리나라에서 가장 오래된 목조 건축물. 이 극락전 건물은 1972년 해체 수리할 때 '고려 공민왕 12년(1363)에 지붕을 수리했다'는 기록이 발견되었다. 이때 수리를 했다면 원래 건물을 지은 것은 1363년보다 100~150여 년 전인 1200년대 초가 된다. 맞배지붕에 배흘림기둥, 주심포 양식이다. | | | |
| **안동 법흥사지 7층전탑** | 安東 法興寺址 七層塼塔 | 경북 안동시 법흥동 | 통일신라 8세기 | |
| | 우리나라에서 가장 크고 오래된 전탑(塼塔, 벽돌탑)이다. 높이 17미터. 통일신라 때 창건된 법흥사에 속해있던 탑으로 추정된다. 기단의 각 면에는 화강암으로 조각한 8부중상(八部衆像), 사천왕상(四天王像)을 세워 놓았고 각 층의 몸체 지붕돌에는 기와를 얹었던 흔적이 남아 있다. | | | |
| **영주 부석사 무량수전 앞 석등** | 榮州 浮石寺 無量壽殿 앞 石燈 | 경북 영주시 부석사 | 통일신라 | |
| | 통일신라 석등 가운데 가장 아름다운 작품으로 평가받는다. 조화와 비례감이 뛰어나며 단아하면서도 멋스럽다. 8각의 화사석을 보면, 네 면에 보살상을 조각해놓았는데 그 정교함이 이 석등을 더욱 돋보이게 한다. | | | |
| **영주 부석사 무량수전** | 榮州 浮石寺 無量壽殿 | 경북 영주시 부석사 | 고려 14세기 | 1권 88-92 |
| | 날렵하고 경쾌한 지붕선, 간결하고 세련된 주심포, 배흘림 기둥의 아름다움, 탁 트인 소백산 풍경과의 조화…. 무량수전은 한국 전통 건축에서 최고 걸작의 하나로 꼽히며 많은 사람들이 좋아한다. 1376년에 지었다. 내부엔 극락정토를 상징하는 아미타여래불이 봉안되어 있다. | | | |

| 명칭 | 명칭(한자) | 소재지 | 시기 | 본문 쪽수 |
|---|---|---|---|---|
| 영주 부석사 조사당 | 榮州 浮石寺 祖師堂 | 경북 영주시 부석사 | 고려 후기 | 1권 69 |
| | 의상대사의 초상을 모신 건물로, 부석사 무량수전 뒤편에 있다. 고려 우왕 때인 1377년에 처음 지었고 조선 성종 때인 1490, 1493년에 고쳤다. 내부 벽엔 사천왕상, 보살상 등이 그려져 있었다. 이는 매우 귀한 고려시대 회화작품으로, 현재 다른 곳으로 옮겨 보관하고 있다. | | | |
| 경주 불국사 다보탑 | 慶州 佛國寺 多寶塔 | 경북 경주시 불국사 | 통일신라 8세기 | 1권 159-163 |
| | 세계 어느 곳에서도 볼 수 없는, 독특하면서도 빼어난 조형미를 자랑하는 한국의 석탑. 이처럼 독특한 형태는 불교 경전인 《법화경》에 나오는 내용을 그대로 재현했기 때문이다. 탑을 세운 시기는 불국사를 창건하던 751년으로 추측된다. 높이 10.4미터. | | | |
| 경주 불국사 3층석탑 | 慶州 佛國寺 三層石塔 | 경북 경주시 불국사 | 통일신라 8세기 | 1권 159-163 |
| | 석가탑이라고도 부른다. 다보탑이 이색적이라면 이 석가탑은 기존 석탑의 형식을 잘 계승했다. 전체적으로 경쾌하게 날아오르는 듯한 느낌을 준다. 탑을 세운 백제의 석공 아사달과 부인 아사녀의 슬픈 전설이 서려 있어 무영탑(無影塔)이라고 부르기도 한다. 높이 8.2미터. | | | |
| 경주 불국사 연화교 및 칠보교 | 慶州 佛國寺 蓮華橋 및 七寶橋 | 경북 경주시 불국사 | 통일신라 8세기 | 1권 84-86 |
| | 불국사에는 대웅전과 극락전의 예배 공간이 있다. 연화교·칠보교는 극락전으로 향하는 안양문과 연결된 계단식 다리. 세속의 사람이 아니라 서방정토 극락세계를 깨달은 사람이 오르내리던 다리를 상징한다. 연화교 계단에는 연꽃잎이 조각되어 있어 아름다움을 더한다. | | | |
| 경주 불국사 청운교 및 백운교 | 慶州 佛國寺 靑雲橋 및 白雲橋 | 경북 경주시 불국사 | 통일신라 8세기 | 1권 84-87 |
| | 불국사의 대웅전으로 이어지는 자하문과 연결되는 다리. 국보 연화교·칠보교와 마찬가지로 세련된 조형미를 자랑한다. 특히 무지개(아치) 모양의 통로가 있는 다리 아랫부분이 돋보인다. 연화교·칠보교와 함께 통일신라 다리로는 유일하게 완전한 형태로 남아 있다. | | | |
| 경주 석굴암 석굴 | 慶州 石窟庵 石窟 | 경북 경주시 석굴암 | 통일신라 8세기 | 1권 24, 27 |
| | 신라 경덕왕 10년(751)에 김대성이 창건하여 혜공왕 10년(774)에 완성한 사찰로, 당시엔 석불사라 불렀다. 불국토를 지향했던 통일신라인들의 불교적 믿음, 불교미술 절정기였던 8세기 통일신라의 문화적 깊이와 자신감을 종교 미술로 완벽하게 구현한 작품이다. | | | |
| 경주 태종무열왕릉비 | 慶州 太宗武烈王陵碑 | 경북 경주시 서악동 | 통일신라 7세기 | 1권 42 |
| | 태종무열왕 김춘추의 석비로, 문무왕 원년(661)에 건립되었다. 무열왕릉 옆에 있다. 현재 비의 몸체는 없어졌고 거북 모양의 받침돌 위에 머릿돌만이 얹혀져 있다. 받침돌의 거북은 목을 높이 쳐들고 힘차게 나아가는 모습이다. 삼국을 통일한 신라의 자신감이 잘 드러났다. | | | |
| 경주 불국사 금동비로자나불좌상 | 慶州 佛國寺 金銅毘盧遮那佛坐像 | 경북 경주시 불국사 | 통일신라 8세기 | |
| | 비로자나불은 진리와 지혜의 부처를 말한다. 불국사 비로전에 모셔진 이 불상은 높이가 1.77미터. 당당한 볼륨감과 잘록한 허리, 적절한 신체비례 등 8세기 통일신라 불상의 이상화된 모습을 잘 보여준다. | | | |
| 경주 불국사 금동아미타여래좌상 | 慶州 佛國寺 金銅阿彌陀如來坐像 | 경북 경주시 불국사 | 통일신라 8세기 | |
| | 아미타여래는 서방 극락정토에서 불법을 설하는 부처를 말한다. 이 아미타불은 불국사 극락전에 모셔져 있다. 높이 1.66미터. 얼굴은 원만하고 자비로우며 신체는 매우 장중하고 당당하다. 8세기 통일신라 불상의 이상화된 모습을 잘 구현한 작품이다. | | | |
| 경주 백률사 금동약사여래입상 | 慶州 栢栗寺 金銅藥師如來立像 | 경북 경주시 불국사 | 통일신라 8세기 | |
| | 모든 중생의 질병을 고쳐준다는 약사불이다. 높이 1.77미터. 경주시 북쪽 소금강산의 백률사에 있었으나 국립경주박물관으로 옮겨 전시하고 있다. 신체의 비례와 조화 등이 우수하지만 8세기 중엽의 이상적인 불상에 비하면 긴장과 탄력이 다소 줄어든 모습이다. | | | |

| 명칭 | 명칭(한자) | 소재지 | 시기 | 본문 쪽수 |
|---|---|---|---|---|
| 성덕대왕신종 | 聖德大王神鍾 | 경북 경주시 국립경주박물관 | 통일신라 8세기 | 1권 176-182 |
| | 현존하는 가장 크고 가장 아름다운 종으로 꼽힌다. 전체적으로 몸통의 곡선이 부드럽고 표면엔 생동감 넘치는 비천상이 장식되어 있다. 종 아래쪽 입구를 꽃 모양으로 마감한 굴곡진 선도 아름다움을 더해준다. 특히 신비의 종소리로 더욱 유명하다. 771년에 제작되었다. | | | |
| 경주 분황사 모전석탑 | 慶州 芬皇寺 模塼石塔 | 경북 경주시 분황사 | 신라 7세기 | |
| | 돌을 벽돌 모양으로 다듬어 쌓아 올린 모전석탑(模塼石塔)으로, 신라 석탑 가운데 가장 오래되었다. 원래 9층이었는데 3층만 남아 있다. 현재 높이는 9.3미터. 1층 탑신에 조각해놓은 인왕상이 인상적이다. 분황사를 건립하던 634년경에 세웠을 것으로 추정한다. | | | |
| 경주 첨성대 | 慶州 瞻星臺 | 경북 경주시 인왕동 | 신라 7세기 | 1권 170-175 |
| | 신라 선덕여왕(재위 632~647) 때 세운 천문관측대로, 그 형태가 특이하고 아름답다. 위로 갈수록 좁아지는 원통 모양으로 돌을 쌓고 맨 위에 정(井)자형으로 마감했다. 맨 위에 관측기구를 올려놓고 천문관측을 했을 것으로 추정한다. 높이 9.17미터. | | | |
| 합천 해인사 대장경판 | 陜川 海印寺 大藏經板 | 경남 합천군 해인사 | 고려 13세기 | 1권 184-190 |
| | 대장경은 불교 경전을 집대성한 것을 말한다. 몽골의 침입으로 초조대장경이 불에 타 없어지자 국난극복의 불심을 담아 고려 고종 때인 1236~1251년에 걸쳐 간행했다. 현존 대장경 가운데 가장 오래되었고 내용이 가장 완벽하다. 팔만대장경, 고려대장경이라 부르기도 한다. | | | |
| 창녕 신라 진흥왕 척경비 | 昌寧 新羅 眞興王 拓境碑 | 경남 창녕군 창녕읍 | 신라 6세기 | |
| | 신라 진흥왕이 비화가야(지금의 창녕 지역)를 신라 영토로 편입한 뒤 이곳을 순수(巡狩, 두루 돌아다니며 순시함)하고 그 기념으로 세운 석비다. 대가야 멸망 1년 전인 561년에 세웠다. 이 지역을 가야 진출의 발판으로 삼고자 한 진흥왕의 정치적인 의도가 담겨 있다. | | | |
| 창녕 술정리 동 3층석탑 | 昌寧 述亭里 東 三層石塔 | 경남 창녕군 창녕읍 | 통일신라 8세기 | |
| | 경남 창녕 지역은 진흥왕 때부터 신라의 요지로 부상했다. 이 탑은 전체적으로 안정감이 있으며 간결하면서도 품격을 지니고 있어 8세기 통일신라 탑의 대표작으로 꼽힌다. 경주 중심의 석탑 문화가 지방으로 확산되는 과정을 보여준다. | | | |
| 구례 화엄사 사사자 3층석탑 | 求禮 華嚴寺 四獅子 三層石塔 | 전남 구례군 화엄사 | 통일신라 8세기 | |
| | 사자 네 마리가 탑을 떠받치고 있는 모양이다. 사자 사이에는 탑을 받치고 있는 승려도 한 명 보인다. 8세기 중반에 제작했고 높이는 5미터. 사자 아래 기단부엔 비천상을, 사자 위 탑신엔 인왕상(仁王像), 사천왕상(四天王像) 등을 조각했다. 조각 수법이 뛰어나고 3층석탑 자체도 세련되었다. | | | |
| 상원사 동종 | 上院寺 銅鍾 | 강원 평창군 상원사 | 통일신라 8세기 | |
| | 우리나라에서 가장 오래된 범종으로, 성덕왕 24년(725)에 만들어졌다. 종 꼭대기의 용뉴(龍鈕), 용 모양의 고리), 몸체 상부의 연곽(蓮廓)과 연뢰(蓮蕾, 연꽃봉오리), 몸체 한가운데의 비천상(飛天像), 약간 오므라든 밑부분 등에서 한국 종의 전범으로 평가받는다. | | | |
| 경주 황복사지 3층석탑 | 慶州 皇福寺址 三層石塔 | 경북 경주시 구황동 | 통일신라 8세기 | |
| | 692년 신라 효소왕이 아버지 신문왕의 명복을 빌기 위해 세운 탑. 706년에 성덕왕은 사리와 불상 등을 탑 안에 넣어 두 왕의 명복과 왕실의 번영을 기원했다. 통일신라의 전형적인 석탑이면서도 규모가 작아졌고 담백 소박한 분위기를 풍긴다. 높이 7.3미터. | | | |
| 경주 고선사지 3층석탑 | 慶州 高仙寺址 三層石塔 | 경북 경주시 국립경주박물관 | 통일신라 7세기 | |
| | 경주 고선사의 옛터에 세워져 있었으나 댐 건설로 인해 절터가 물에 잠기게 되자 1975년 국립경주박물관으로 옮겨놓았다. 전체적으로 힘과 우직함이 느껴진다. 1층 탑신에 문 모양을 새겨 놓은 것이 주목할 만하다. 옥개석(지붕돌)이 많이 훼손되었다. 높이 9미터. | | | |

| 명칭 | 명칭(한자) | 소재지 | 시기 | 본문 쪽수 |
|---|---|---|---|---|
| 경주 나원리 5층석탑 | 慶州 羅原里 五層石塔 | 경북 경주시 현곡면 | 통일신라 8세기 | |
| | 경주 부근의 통일신라 석탑 가운데 보기 드문 5층 석탑이다. 1000년 세월이 지났어도 이끼가 끼지 않고 순백의 빛깔과 기품을 잘 간직하고 있어 '나원 백탑(白塔)'이라 부르기도 한다. 높이 9.7미터. 1996년 해체 수리 과정에서 사리함과 불상 등이 발견되었다. | | | |
| 경주 정혜사지 13층석탑 | 慶州 淨惠寺址 十三層石塔 | 경북 경주시 안강읍 | 통일신라 8~9세기 | |
| | 매우 독특하고 파격적인 통일신라 석탑이다. 13층이라는 보기 드문 층수에, 기단부 역시 일반적인 양식에서 벗어났다. 1층 탑신은 거대한데 2층부터는 탑신과 옥개석(지붕돌) 모두 급격히 작아져 탑신은 보이지 않고 옥개석만 쌓아놓은 듯하다. 높이 5.9미터. | | | |
| 청주 용두사지 철당간 | 淸州 龍頭寺址 鐵幢竿 | 충북 청주시 상당구 | 고려 10세기 | |
| | 예로부터 사찰 입구엔 당(幢)이라는 깃발을 내걸었다. 이 당을 달아두는 장대를 당간이라 한다. 이것은 고려 광종 때인 962년에 세웠다. 철제 원통 30개를 쌓아 올려 만들었으나 지금은 원통 20개만 남아 있다. 현재 높이는 12.7미터. 현존하는 당간 가운데 보존상태가 가장 좋다. | | | |
| 순천 송광사 목조삼존불감 | 順天 松廣寺 木造三尊佛龕 | 전남 순천시 송광사 성보박물관 | 중국 당(唐) | |
| | 불상을 모시기 위해 나무나 돌 등으로 만든 작은 건축물을 불감(佛龕)이라 한다. 이 목조삼존불감은 보조국사 지눌이 당나라에서 돌아오는 길에 가져온 것으로, 불감의 양식이나 구조 등으로 보아 중국 당나라에서 제작한 것으로 본다. | | | |
| 혜심 고신제서 | 惠諶 告身制書 | 전남 순천시 송광사 성보박물관 | 고려 13세기 | |
| | 고려 고종 때인 1216년 진각국사 혜심에게 대선사(大禪師)의 호를 하사한다는 내용의 문서. 마름모형 꽃무늬가 있는 비단 7장을 이어 만든 두루마리에 글씨를 써넣었다. 가로 3.6미터, 세로 33센티미터. 고려 시대 승려에게 하사한 제서(制書)가 드물다는 점에서 매우 귀중한 자료다. | | | |
| 장흥 보림사 남·북 3층석탑 및 석등 | 長興 寶林寺 南·北 三層石塔 및 石燈 | 전남 장흥군 보림사 | 통일신라 9세기 | |
| | 장흥 보림사 앞뜰에 있는 2기의 석탑과 1기의 석등. 탑 속에서 발견된 기록물에 따르면 석탑과 석등 모두 870년에 제작되었다. 석탑과 석등은 모두 고풍스러움과 단정함, 세련미를 갖추고 있으며 통일신라의 전형을 그대로 보여준다. | | | |
| 영주 부석사 소조여래좌상 | 榮州 浮石寺 塑造如來坐像 | 경북 영주시 부석사 | 고려 중기 | |
| | 부석사 무량수전에 봉안된 소조불상. 높이 2.78m. 소조불상이란 나무로 골격을 만들고 진흙을 붙여가면서 만드는 불상을 말한다. 통일신라 불상 양식과 큰 차이가 나지 않는다는 점에서 고려 초기 작품으로 추정한다. 우리나라 소조불상 가운데 가장 크고 오래된 것이다. | | | |
| 부석사 조사당 벽화 | 浮石寺 祖師堂 壁畵 | 경북 영주시 부석사 | 고려 후기 | |
| | 영주 부석사 조사당(국보) 안쪽 벽면에 사천왕과 제석천, 범천을 6폭으로 나누어 그린 작품. 지금은 벽면 전체를 그대로 떼어 유리 상자에 담아 무량수전 내부에 보관하고 있다. 전체적으로 생동감이 넘치고 유려한 분위기의 고려 불화다. | | | |
| 하동 쌍계사 진감선사 탑비 | 河東 雙磎寺 眞鑑禪師塔碑 | 경남 하동군 화개면 쌍계사 | 통일신라 9세기 | |
| | 통일신라 승려인 진감선사(774~850년)의 탑비다. 당나라에 유학하여 승려가 된 진감선사는 신라로 귀국한 뒤 불교 음악인 범패를 도입해 대중화시킨 인물. 쌍계사에서 입적했으며 이 탑비는 887년에 세웠다. 최치원이 비문을 짓고 글씨를 썼다. | | | |
| 평창 월정사 8각 9층석탑 | 平昌 月精寺 八角 九層石塔 | 강원 평창군 월정사 | 고려 10세기 | |
| | 고려 시대엔 한반도 북쪽 지방에선 다각형의 다층석탑이 유행했다. 이는 고구려 다각다층 석탑의 영향을 받은 것이다. 이 탑은 전체적으로 비례가 뛰어나고 세련된 조형미를 보여준다. 지붕돌 모서리에 달려 있는 청동 풍경, 상륜부의 금동 장식이 매우 화려하다. 높이 15.2미터. | | | |

| 명칭 | 명칭(한자) | 소재지 | 시기 | 본문 쪽수 |
|---|---|---|---|---|
| 평창 월정사 석조보살좌상 | 平昌 月精寺 石造菩薩坐像 | 강원 평창군 월정사 성보박물관 | 고려 10세기 | |
| | 월정사 8각9층석탑 남쪽 바로 앞에 있는 석조보살상이다. 무릎을 꿇고 앉아 두 손을 가슴 앞에 모아 탑을 향해 무엇인가 공양을 올리는 자세다. 애초부터 탑과 한 세트로 만들어진 것 같다. 전체적으로 자세가 특이하면서도 균형과 비례감이 뛰어나다. | | | |
| 예산 수덕사 대웅전 | 禮山 修德寺 大雄殿 | 충남 예산군 수덕사 | 고려 14세기 | 1권 88-92 |
| | 남성적인 당당함이 돋보이는 고려 시대 목조 건축물. 1307년에 건축되었다. 옆에서 보았을 때 사람 人(인)자 모양의 맞배지붕으로 되어 있다. 전체적으로 단순하고 간결하면서 절제된 아름다움이 돋보인다. 국보 18호 부석사 무량수전과 함께 고려 건축물의 걸작으로 꼽힌다. | | | |
| 영암 도갑사 해탈문 | 靈巖 道岬寺 解脫門 | 전남 영암군 도갑사 | 조선 15세기 | |
| | 월출산 도갑사에 있는 건축물 가운데 가장 오래된 것으로, 조선 선종 때인 1473년에 지었다. 건물 기단의 가운데엔 계단이 있는데 그 계단의 소맷돌에 태극무늬를 조각해놓았다. 기둥 위의 구조를 보면 독특하게도 주심포식과 다포식이 섞여 있다. | | | |
| 강릉 임영관 삼문 | 江陵 臨瀛館 三門 | 강원 강릉시 용강동 | 고려 14세기 | |
| | 고려 시대에 지은 강릉 객사 임영관(臨瀛館)의 정문. 현재 객사 건물은 없어지고 이 문만 남아 있다. 객사란 고려 시대 때 중앙관리나 사신들이 묵던 지방 관아를 말한다. 이 정문은 14세기에 다시 지은 것으로 추정되며 현판은 공민왕이 썼다. 임영은 강릉의 옛 이름이다. | | | |
| 합천 해인사 장경판전 | 陜川 海印寺 藏經板殿 | 경남 합천군 해인사 | 조선 15세기 | 1권 184-189 |
| | 국보 팔만대장경을 보관하고 있는 목조 건축물. 지금 건물은 조선 성종 때인 1488년경 지었다. 주변 환경(온도, 습도)을 적절히 고려하고 통풍 구조를 과학적으로 설계함으로써 지금까지 팔만대장경을 완벽하게 보존해오고 있다. | | | |
| 구례 연곡사 동 승탑 | 求禮 鷰谷寺 東 僧塔 | 전남 구례군 연곡사 | 통일신라 말기 | |
| | 승탑은 유명 스님들의 사리를 모셔놓은 석조물로, 예전엔 주로 부도(浮屠)라 불렸다. 누구의 승탑인지 알 수는 없지만, 조형미와 비례감이 뛰어나 한국 최고의 승탑으로 꼽힌다. 기와지붕과 흡사한 탑신의 지붕돌, 가릉빈가와 봉황 등의 조각술도 인상적이다. | | | |
| 구례 연곡사 북 승탑 | 求禮 鷰谷寺 北 僧塔 | 전남 구례군 연곡사 | 고려 초기 | |
| | 연곡사 동승탑에서 150미터 정도 떨어진 곳에 있다. 역시 어떤 스님을 기리기 위한 것인지 알 수 없다. 동승탑보다 다소 시기가 늦은 고려 초에 만들어졌다. 전체적인 외형이나 조각 수법 등은 연곡사 동승탑과 거의 흡사하다. | | | |
| 보은 법주사 팔상전 | 報恩 法住寺 捌相殿 | 충북 보은군 법주사 | 조선 17세기 | |
| | 국내 유일하게 전해오는 목조탑이다. 지금의 건물은 조선 인조 때인 1605년에 다시 짓고 1968년에 해체해 수리한 것이다. 벽면에 부처의 일생을 8장면으로 구분하여 그린 팔상도(八相圖)가 그려져 있어 팔상전이라는 이름이 붙었다. | | | |
| 순천 송광사 국사전 | 順天 松廣寺 國師殿 | 전남 순천시 송광사 | 조선 초기 | |
| | 순천의 송광사는 우리나라 3대 사찰 중 하나다. 송광사 국사전은 나라를 빛낸 큰 스님 열여섯 분의 영정을 모시고 그 공덕을 기리기 위해 조선 초기에 세웠다. 맞배지붕에, 소박하고 간결한 모습이 돋보인다. | | | |
| 화순 쌍봉사 철감선사탑 | 和順 雙峯寺 澈鑒禪師塔 | 전남 화순군 쌍봉사 | 통일신라 9세기 | |
| | 쌍봉사에 있는 철감선사의 승탑이다. 철감선사가 경문왕 8년(868)에 이 절에서 입적하자 왕은 철감이라는 시호를 내려 탑과 비를 세우도록 했다. 조형미와 조각수법이 뛰어난 걸작이지만 꼭대기의 머리 장식은 사라진 상태다. | | | |

| 명칭 | 명칭(한자) | 소재지 | 시기 | 본문 쪽수 |
|---|---|---|---|---|
| 청양 장곡사 철조약사여래좌상 및 석조대좌 | 靑陽 長谷寺 鐵造藥師如來坐像 및 石造臺座 | 충남 청양군 장곡사 | 통일신라 10세기 | |
| | 칠갑산 장곡사 상대웅전에 있는 철불좌상이다. 광배가 나무로 되어 있고 대좌(臺座)가 사각형이라는 점이 특이하다. 애초 돌로 만든 광배를 후대에 나무로 바꿨을 가능성이 높다. 통일신라 최말기인 10세기 작품으로 추정된다. | | | |
| 원주 법천사지 지광국사탑비 | 原州 法泉寺址 智光國師塔碑 | 강원 원주시 부론면 | 고려 11세기 | 1권 46, 2권 96 |
| | 고려 문종 24년(1070)에 지광국사가 법천사에서 입적하자 그를 기리기 위해 승탑(부도)과 함께 이 비를 세웠다. 거북 모양의 받침돌 위에 몸돌을 세우고 그 위에 왕관 모양의 머릿돌을 올렸다. | | | |
| 청자 사자모양뚜껑 향로 | 靑磁 獅子形蓋 香爐 | 서울 용산구 국립중앙박물관 | 고려 12세기 | 1권 120-124 |
| | 고려청자 전성기인 12세기에 만든 향로. 높이 21.2센티미터, 지름 16.3센티미터. 몸체와 사자 모양의 뚜껑으로 구성되어 있다. 먼 데를 바라보는 사자의 모습이 인상적이다. 동물 모양을 넣어 청자를 만든 고려 도공들의 예술적 태도가 참으로 과감하고 낭만적이라는 생각이 든다. | | | |
| 청자 어룡모양 주전자 | 靑磁 魚龍形 注子 | 서울 용산구 국립중앙박물관 | 고려 12세기 | 1권 120-124 |
| | 고려 도공들은 동물 모양의 청자를 많이 만들었다. 이것은 용의 머리와 물고기의 몸을 가진 상상의 동물을 형상화했다. 용의 머리는 물론이고 비늘과 갈퀴, 지느러미 등을 섬세하게 표현했다. 연꽃 줄기 모양의 주전자 손잡이도 흥미롭다. 높이 24.4센티미터, 밑지름 10.3센티미터. | | | |
| 김제 금산사 미륵전 | 金堤 金山寺 彌勒殿 | 전북 김제시 금산사 | 조선 17세기 | |
| | 금산사 미륵전은 장대한 규모를 자랑하는 국내 유일의 3층 목조건물이다. 정유재란 때 불탄 것을 조선 인조 때인 1635년에 다시 지었다. 내부는 3층 전체가 하나로 터진 통층이다. 각 층마다 대자보전(大慈寶殿), 용화지회(龍華之會), 미륵전(彌勒殿)이라는 현판이 걸려 있다. | | | |
| 철원 도피안사 철조비로자나불좌상 | 鐵原 到彼岸寺 鐵造毘盧遮那佛坐像 | 강원 철원군 도피안사 | 통일신라 9세기 | |
| | 불상과 그것을 받치고 있는 대좌(臺座)까지도 철로 만들었다. 불상 뒷면에 865년에 제작했다는 기록이 남아 있다. 신체의 비례가 적절하고 전체적인 조형미도 뛰어나다. 그러나 8세기의 이상적이고 근엄했던 얼굴에 비해 다소 인간적이고 친근한 얼굴이다. | | | |
| 보은 법주사 석연지 | 報恩 法住寺 石蓮池 | 충북 보은군 법주사 | 통일신라 8세기 | |
| | 법주사 경내에 있는 돌로 만든 작은 연못. 여기에 물을 담고 연꽃을 띄워 놓았다고 한다. 8세기경에 만든 것으로, 우아하고 품격 있는 아름다움이 돋보인다. 특히 반쯤 피어난 듯한 몸돌의 조각을 보면, 그 절제된 화려함이 오래도록 여운을 남긴다. | | | |
| 청자 기린모양뚜껑 향로 | 靑磁 麒麟形蓋 香爐 | 서울 성북구 간송미술관 | 고려 12세기 | 1권 120-124 |
| | 청자 전성기였던 12세기엔 상서로운 동물 모양을 넣은 청자를 많이 만들었다. 이를 흔히 상형(象形) 청자라 한다. 이 향로는 뚜껑 한복판에 기린을 조각하고 그 옆으로 번개무늬를 음각했다. 뒤를 돌아보고 있는 기린이 인상적이다. 기린의 뿔은 부서진 상태다. 높이 20센티미터. | | | |
| 청자 상감연꽃·원앙 무늬 정병 | 靑磁 象嵌蓮池鴛鴦文 淨甁 | 서울 성북구 간송미술관 | 고려 12세기 | |
| | 고려 전기의 청자 정병으로 높이 37센티미터, 밑지름 8.9센티미터. 정병은 불교에서 모든 악을 씻어 버리는 의식을 거행할 때 사용하던 용기다. 표면엔 버드나무와 갈대와 연꽃이 있는 물가에서 여유롭게 오가는 원앙을 상감기법으로 표현했다. 한 폭의 그림을 보는 듯하다. | | | |
| 구례 화엄사 각황전 | 求禮 華嚴寺 覺皇殿 | 전남 구례군 화엄사 | 조선 18세기 | |
| | 임진왜란 때 완전히 불타버린 것을 조선 숙종 때인 172년에 다시 지었다. '각황전'이란 이름은 숙종이 지어 현판을 내린 것이다. 2층 건물인 각황전은 웅장한 멋이 돋보인다. 세월이 흘러 단청이 벗겨지고 나무의 속살이 드러나 더욱 담백하다. | | | |

| 명칭 | 명칭(한자) | 소재지 | 시기 | 본문 쪽수 |
|---|---|---|---|---|
| 청자<br>상감구름·학무늬 매병 | 靑磁 象嵌雲鶴文 梅甁 | 서울 성북구 간송미술관 | 고려 12세기 | 1권 88-92 |
| | 고려 상감청자 매병 가운데 최고의 작품. 투명하고 그윽한 비색은 물론이고 어깨에서 몸통으로 이어지는 당당한 곡선이 매력적이다. 원 안팎의 학의 진행 방향을 위아래로 달리해 생동감과 변화가 넘친다. 일제강점기 간송 전형필이 거금을 들여 수집한 것이다. | | | |
| 심지백<br>개국원종공신녹권 | 沈之伯 開國原從功臣錄券 | 부산 서구 동아대박물관 | 조선 14세기 | |
| | 조선 태조 6년(1397) 왕의 명령에 따라 공신도감(功臣都監)에서 개국공신 심지백(沈之伯)에게 내린 공신 문서. 개국원종공신(開國原從功臣) 제도는 조선 시대 개국공신을 늘리기 위해 시행한 포상 제도이다. 이 녹권은 조선 초 정치사회상을 보여주는 중요한 사료이다. | | | |
| 훈민정음 | 訓民正音 | 서울 성북구 간송미술관 | 조선 15세기 | 1권 25, 30 |
| | 조선 세종 때인 1446년에 창제된 훈민정음을 소개한 한문 해설서. 왕의 명령으로 집현전 학사들이 중심이 되어 만들었다. 책 이름도 한글의 이름인 훈민정음으로 했다. 해례가 붙어 있어서 《훈민정음 해례본》《훈민정음 원본》이라고도 한다. | | | |
| 동국정운 권1, 6 | 東國正韻 卷一, 六 | 서울 성북구 간송미술관 | 조선 15세기 | |
| | 조선 초 혼란스럽던 한자음을 바로 잡고 통일된 표준음을 정하기 위해 간행한 책. 신숙주, 최항, 박팽년 등이 세종의 명으로 편찬한 뒤 1448년에 간행했다. 한자음의 음운체계와 훈민정음의 창제 배경 등을 연구하는 데 중요한 사료이다. | | | |
| 금동계미명삼존불입상 | 金銅癸未銘三尊佛立像 | 서울 성북구 간송미술관 | 삼국시대 | |
| | 중앙에 본존불이 있고 양옆에 협시보살을 배치한 삼존불(三尊佛)이다. 본존불의 옷자락이 좌우 아래로 새의 깃처럼 길쭉이 뻗쳐 있으며 협시보살은 광배의 끝에 매달리듯 표현되어 있다. 백제 위덕왕 10년(563)에 만든 것으로 추정된다. | | | |
| 금동삼존불감 | 金銅三尊佛龕 | 서울 성북구 간송미술관 | 고려 11~12세기 | |
| | 높이 18센티미터 작은 불감이다. 난간을 두른 사각형의 기단 위에 본존불과 두 보살상이 있고 그 기단을 법당 모양의 뚜껑으로 덮어 씌우도록 되어 있다. 뚜껑에는 창문이 나 있어 불상을 들여다 볼 수 있다. 불상의 양식 등으로 보아 11~12세기 작품으로 추정된다. | | | |
| 청자 오리모양 연적 | 靑磁 鴨形 硯滴 | 서울 성북구 간송미술관 | 고려 12세기 | 1권 120-124 |
| | 오리 모양으로 만든 청자 연적이다. 높이 8센티미터, 너비 12.5센티미터. 물 위에 뜬 오리가 연꽃 줄기를 물고 있으며 연잎과 봉오리는 오리의 등에 자연스럽게 붙어 있다. 적당한 크기와 세련된 조각기법, 비색(翡色)의 은은함 등 귀엽고 예쁘면서도 품격 있는 연적이다. | | | |
| 표충사<br>청동 은입사 향완 | 表忠寺 靑銅 銀入絲 香垸 | 경남 밀양시 표충사 | 고려 12세기 | 2권 16-17 |
| | 주둥이가 넓적하게 벌어진 모양의 향로다. 고려 때에 이런 향로가 유행했는데 특별히 향완이라 부른다. 은입사(銀入絲, 무늬를 선으로 파낸 뒤 거기 은실을 박아 장식하는 것) 기법으로 범(梵)자와 구름, 용 등의 무늬를 장식했다. 1177년에 만들었고 높이 27.5센티미터. | | | |
| 이순신 난중일기 및<br>서간첩, 임진장초 | 李舜臣 亂中日記 및 書簡帖, 壬辰狀草 | 충남 아산시 현충사 | 조선 16세기 | 2권 16-17 |
| | 《난중일기》는 임진왜란 때 이순신이 왜적과 싸우면서 쓴 친필 일기. 제1권 《임진일기》(1592~1593)부터 제7권 《무술일기》(1598)까지 모두 7권이다. 《임진장초》는 해전의 성과와 전황 등에 관해 조정에 올린 글들을 모은 것이고, 《서간첩》은 충무공이 친척들에게 보낸 편지글이다. | | | |
| 의성 탑리리 5층석탑 | 義城 塔里里 五層石塔 | 경북 의성군 금성면 | 신라 7세기 | |
| | 화강암으로 만들었지만 전탑(塼塔, 벽돌탑)양식과 목조건축 수법을 동시에 보여주는 특이한 구조다. 기단은 석탑식, 탑신의 기둥은 목탑식, 지붕은 전탑식이어서 일종의 모전석탑이라 할 수 있다. 높이 9.6미터. | | | |

| 명칭 | 명칭(한자) | 소재지 | 시기 | 본문 쪽수 |
|---|---|---|---|---|
| 금동미륵보살반가사유상(1962-1) | 金銅彌勒菩薩半跏思惟像(1962-1) | 서울 용산구 국립중앙박물관 | 삼국시대 6세기 | 1권 76-78 |
| | 한국 불교조각의 최고 명품으로 꼽히는 작품. 오른쪽 다리를 왼쪽 무릎에 올린 채 사색에 빠져 있는 미륵보살을 표현했다. 오른뺨에 살짝 갖다 댄 손, 심오하고 철학적인 미소를 통해 불교적 고뇌와 사유의 깊이를 매우 아름답게 구현해냈다. 6세기 후반 작, 높이 83.2센티미터. | | | |
| 경주 구황동 금제여래좌상 | 慶州 九黃洞 金製如來坐像 | 서울 용산구 국립중앙박물관 | 통일신라 8세기 | |
| | 1934년 경주 구황동 3층석탑(국보)을 해체 복원할 때, 사리함에서 금제여래입상(국보)과 함께 발견되었다. 위엄이 있으면서도 미소 띤 얼굴, 뚜렷한 이목구비, 균형 잡힌 몸매가 돋보인다. 손 모양, 옷주름, 양감 표현 등에서 8세기 초 특징이 드러난다. 높이 12.2센티미터. | | | |
| 경주 구황동 금제여래입상 | 慶州 九黃洞 金製如來立像 | 서울 용산구 국립중앙박물관 | 통일신라 8세기 | |
| | 구황동 금제여래좌상과 함께 경주 구황동 3층석탑 사리함에서 발견된 불상. 위엄이 있으면서도 원만한 얼굴 표정이 두드러진다. 광배는 보주형(寶珠形)이며 불꽃무늬를 섬세하게 뚫음새김했다. 왼손으로 옷자락 끝을 살짝 쥔 것이 인상적이다. 높이 14센티미터. | | | |
| 경주 감산사 석조미륵보살입상 | 慶州 甘山寺 石造彌勒菩薩立像 | 서울 용산구 국립중앙박물관 | 통일신라 8세기 | |
| | 감산사는 신라 성덕왕 18년(719)에 김지성이라는 사람이 부모의 명복을 빌기 위해 세운 사찰이다. 이 미륵보살은 당시 김지성이 어머니를 위해 만든 것이다. 풍만한 신체를 사실적으로 능숙하게 표현했으며 동시에 감각적이고 관능적인 보살상의 이미지를 잘 살렸다. | | | |
| 경주 감산사 석조아미타여래입상 | 慶州 甘山寺 石造阿彌陀如來立像 | 서울 용산구 국립중앙박물관 | 통일신라 8세기 | |
| | 719년 감산사를 세운 김지성이 아버지를 위해 만든 석불이다. 전체적으로 균형과 비례가 뛰어나며 당당하고 위엄이 있다. 불상의 얼굴은 풍만하고 눈 코 입의 세부 표현이 사실적이고 세련되었다. 통일신라 불상 양식을 대표하는 작품이다. | | | |
| 금동미륵보살반가사유상(1962-2) | 金銅彌勒菩薩半跏思惟像(1962-2) | 서울 용산구 국립중앙박물관 | 삼국시대 7세기 | 1권 76-78 |
| | 국보 금동미륵보살반가사유상(1962-1)과 함께 한국 불교조각을 대표하는 명품이다. 단순한 듯하지만 균형과 비례감이 넘치는 신체 표현, 자연스러우면서도 입체적으로 처리된 옷 주름, 정교한 눈 코 입…. 얼굴의 잔잔한 미소는 자비롭고 숭고한 종교적 아름다움을 완벽하게 구현해냈다. 높이 93.5센티미터. | | | |
| 서산 용현리 마애여래삼존상 | 瑞山 龍賢里 磨崖如來三尊像 | 충남 서산시 | 백제 6세기 말~7세기 초 | 1권 61-64 |
| | 백제의 미소로 널리 알려진 마애불. 마애불은 바위에 조각한 불상을 말한다. 서산 가야산 계곡의 절벽에 조성된 이 마애불은 여래입상을 중심으로 오른쪽에는 보살입상, 왼쪽에는 반가사유상이 조각되어 있다. 온화하고 순수한 미소가 보는 사람을 편안하게 한다. | | | |
| 금동신묘명 삼존불입상 | 金銅辛卯銘三尊佛立像 | 서울 용산구 삼성미술관 리움 | 고구려 6세기 | |
| | 하나의 커다란 광배(光背)에 본존불과 좌우보살상을 조각한 삼존불(三尊佛)이다. 1930년 황해도 곡산군 화촌면 봉산리에서 출토되었다. 높이 18센티미터. 좌우 보살상이 광배 끝에 겨우 매달린 듯 보이는 점이 인상적이다. 571년 신묘년에 만든 고구려 불상으로 추정된다. | | | |
| 개성 경천사지 10층석탑 | 開城 敬天寺址 十層石塔 | 서울 용산구 국립중앙박물관 | 고려 14세기 | 2권 86-93 |
| | 독특하고 날렵한 조형미를 뽐내는 석탑. 기단과 탑신에는 부처, 보살 등 다양한 무늬를 조각했다. 탑신에 난간을 돌리고 지붕돌은 팔작지붕 기와골로 표현했다. 개성의 경천사에 있었으나 1907년 일본에 약탈당했다가 1919년 되돌아왔다. 현재 국립중앙박물관에 전시 중. 높이 13.5미터. | | | |
| 금관총 금관 및 금제 관식 | 金冠塚 金冠 및 金製 冠飾 | 경북 경주시 국립경주박물관 | 신라 5, 6세기 | 1권 69, 151, 156 |
| | 경주시 노서동 금관총에서 발견된 신라 금관과 관 장식물. 최초로 확인된 신라 금관이다. 원형의 머리띠 정면에 3단으로 出자 모양의 장식 3개를 두고, 뒤쪽 좌우에 2개의 사슴뿔 모양 장식이 세워져 있다. 새 날개 모양의 관모도 함께 발견되었다. | | | |

| 명칭 | 명칭(한자) | 소재지 | 시기 | 본문 쪽수 |
|---|---|---|---|---|
| 금관총 금제 허리띠 | 金冠塚 金製 銙帶 | 경북 경주시 국립경주박물관 | 신라 5, 6세기 | 1권 152 |
| | 40개의 순금제 판을 이어 만든 허리띠. 길이는 109센티미터. 이 금제 판은 네모꼴에 하트 모양 드림이 달려 있으며 풀무늬를 화려하게 뚫음새김해 놓았다. 허리띠에는 17개의 장식줄을 길게 늘어뜨리고 맨 끝에는 약병, 물고기, 곡옥(曲玉, 굽은 옥) 등의 장식물을 달았다. | | | |
| 평양 석암리 금제 띠고리 | 平壤 石巖里 金製 鉸具 | 서울 용산구 국립중앙박물관 | 삼한 낙랑 1, 2세기 | |
| | 평남 대동군 석암리 9호분 출토품. 길이 9.4센티미터. 전체적인 디자인이 아름다운데다 금구슬과 금실을 표면에 붙여 장식하는 누금세공(鏤金細工) 수법도 매우 뛰어나다. 용 7마리의 율동적으로 배치한 점, 꽃잎 모양의 윤곽을 만들고 그 속에 옥을 끼워 넣은 점 등에서 빼어난 공예기술이 잘 드러난다. | | | |
| 경주 부부총 금귀걸이 | 慶州 夫婦塚 金製耳飾 | 서울 용산구 국립중앙박물관 | 신라 6세기 | |
| | 경주 보문동의 부부총(夫婦塚)에서 출토된 신라 금귀걸이. 길이 8.7센티미터. 커다랗고 둥근 고리에 타원형의 중간 고리를 연결했고 그 아래에 나뭇잎 모양의 장식을 매달았다. 누금기법으로 금실과 금알갱이를 붙여 거북등무늬, 꽃무늬를 매우 정교하고 화려하게 표현했다. | | | |
| 도기 기마인물형 명기 | 陶器 騎馬人物形 明器 | 서울 용산구 국립중앙박물관 | 신라 5, 6세기 | 1권 53-58 |
| | 경주시 금령총에서 출토된 말 탄 사람 모양의 토기. 죽은 자의 영혼이 말을 타고 무사히 저승에 도착하길 바라는 신라인의 마음을 담은 것이다. 하나는 크고 화려하며 하나는 작고 단순하다. 큰 것은 무덤의 주인공(왕 또는 왕족)을, 작은 것은 하인을 뜻한다. | | | |
| 청동 은입사 물가풍경무늬 정병 | 青銅 銀入絲 蒲柳水禽文 淨瓶 | 서울 용산구 국립중앙박물관 | 고려 12세기 | |
| | 정병(淨瓶)은 부처에게 바치는 맑은 물을 담는 물병이다. 갈대가 우거지고 수양버들이 늘어진 언덕, 물새가 노닐고 사공이 조각배를 젓는 서정적 풍경을 은입사(청동 바탕에 은을 박아 장식) 기법으로 멋지게 표현했다. 높이 37.5센티미터. 표면의 초록색은 녹이 슬었기 때문이다. | | | |
| 백자 철화포도·원숭이무늬 항아리 | 白磁 鐵畫葡萄猿文 壺 | 서울 용산구 국립중앙박물관 | 조선 18세기 | 1권 129 |
| | 표면에 포도나무와 포도넝쿨을 타고 노는 원숭이가 그려져 있다. 포도는 다산(多産)과 풍요를, 원숭이는 벼슬을 상징한다. 많은 자식들이 높은 벼슬에 오르길 바라는 의미가 담겨 있는 셈이다. 도자기 표면 아래쪽의 여백이 시원하다. 높이 30.8센티미터. | | | |
| 청자 참외모양 병 | 青磁 瓜形 瓶 | 서울 용산구 국립중앙박물관 | 고려 12세기 | 1권 116-119 |
| | 경기 장단군에 있는 고려 인종릉에서 발굴됐다. 높이 22.8센티미터. 함께 발굴된 책에 '황통(皇統) 6년'이란 연도가 쓰여 있는데 1146년이다. 몸체는 참외 모양으로, 주둥이는 참외꽃으로 표현했다. 치마 주름 모양의 높은 굽과 길죽한 목 등 전체적으로 경쾌하고 세련된 디자인이다. | | | |
| 청자 투각칠보무늬뚜껑 향로 | 青磁 透刻七寶文蓋 香爐 | 서울 용산구 국립중앙박물관 | 고려 12세기 | |
| | 조형미와 장식기법이 빼어난 향로다. 뚜껑, 몸체, 대좌로 이뤄져 있다. 뚜껑은 향이 밖으로 퍼져나갈 수 있도록 투각으로 구멍을 냈고 몸통은 국화잎으로 싸여 있는 모습이다. 아래쪽 대좌는 토끼 세 마리가 등으로 떠받들고 있는데 이 모습이 특히 인상적이다. 높이 15.3센티미터. | | | |
| 청자 구룡모양 주전자 | 青磁 龜龍形 注子 | 서울 용산구 국립중앙박물관 | 고려 12세기 | 1권 120-124 |
| | 용의 얼굴에 거북 몸체를 지닌 동물을 형상화한 청자 주전자다. 이마 위의 뿔, 수염, 갈기, 눈, 이빨, 비늘 등을 정교하게 표현했다. 등에는 거북등 모양을 새겨 그 안에 왕(王)자를 써 넣었다. 등 뒤로 꼬아 붙인 연꽃 줄기는 자연스럽게 손잡이 역할을 한다. 높이 12센티미터. | | | |
| 청자 음각연꽃·넝쿨무늬 매병 | 青磁 陰刻蓮花唐草文 梅瓶 | 서울 용산구 국립중앙박물관 | 고려 12세기 | |
| | 매병은 고려청자의 대표적인 형태 가운데 하나다. 이 청자매병은 작고 야트막하지만 야무지게 마무리된 아가리, 풍만한 어깨와 몸통, 잘록한 허리 등 단정하고 반듯한 아름다움을 보여준다. 음각의 무늬도 깔끔하다. 높이 43.9센티미터. | | | |

| 명칭 | 명칭(한자) | 소재지 | 시기 | 본문 쪽수 |
|------|-----------|--------|------|-----------|
| 청자 상감모란무늬 항아리 | 靑磁 象嵌牡丹文 壺 | 서울 용산구 국립중앙박물관 | 고려 13세기 | |
| | 몸통 앞뒤로 모란을 한 줄기씩 표현했다. 꽃과 잎을 한가운데 큼직하게 배치하고 흑백으로 대비한 점이 시원하면서도 색다른 품격을 전해준다. 꽃을 중심으로 잎을 좌우상하로 대칭되게 배열한 것도 인상적이다. 손잡이는 사자 모양이다. 높이 20.1센티미터. | | | |
| 김천 갈항사지 동·서 3층석탑 | 金泉 葛項寺址 東·西 三層石塔 | 서울 용산구 국립중앙박물관 | 통일신라 8세기 | |
| | 원래 김천 갈항사 터에 있었으나 1916년 서울 경복궁으로 옮겨졌고 2005년 용산의 국립중앙박물관 야외로 이전되었다. 동탑의 기단에 통일신라 경덕왕 17년(758)에 왕실의 외척인 언적법사 3남매가 건립했다는 내용이 새겨져 있다. 높이는 동탑 4.3미터, 서탑 4미터. | | | |
| 개성 남계원지 7층석탑 | 開城 南溪院址 七層石塔 | 서울 용산구 국립중앙박물관 | 고려 중기 | |
| | 경기도 개성 부근의 남계원 터에 남아 있던 탑. 1915년에 탑의 기단부를 제외한 탑신부만 경복궁으로 이전하였다. 이후 원래 위치에서 2층짜리 기단부를 찾아내 복원했다. 하지만 기단부가 온전하지 않아 다소 어색해 보인다. 높이 9.3미터. | | | |
| 원주 법천사지 지광국사탑 | 原州 法泉寺址 智光國師塔 | 대전 유성구 국립문화재연구원 | 고려 11세기 | 1권 46-47, 2권 95-99 |
| | 고려 시대의 승려 지광국사 해린이 1070년 입적하자 그의 사리를 안치했던 승탑. 독특하고 세련된 조형미, 다양하고 화려한 장식 등에 힘입어 고려 시대 최고의 승탑으로 평가받는다. 2024년 하반기 보수 및 복원을 마치면 원주 법천사 터로 돌아간다. | | | |
| 충주 정토사지 홍법국사탑 | 忠州 淨土寺址 弘法國師塔 | 서울 용산구 국립중앙박물관 | 고려 11세기 | |
| | 1017년경 세운 고려 승려 홍법국사의 승탑. 원래 충북 충주 정토사 옛터에 있었다. 이 승탑의 특징은 탑신이 둥근 공 모양을 하고 있다는 점이다. 공을 가로 세로로 묶은 듯 십자형 무늬를 양각했고 교차점에 꽃무늬를 장식했다. 대담하고 세련된 디자인이 돋보인다. | | | |
| 광양 중흥산성 쌍사자 석등 | 光陽 中興山城 雙獅子 石燈 | 광주 북구 국립광주박물관 | 통일신라 9세기 | |
| | 기둥을 두 마리의 사자 모양으로 표현한 석등이다. 가슴을 맞대고 머리를 들고 있는 사자의 모습이 역동적이고 사실적이다. 전체적으로 조형미가 뛰어나다. 원래 광양 중흥산성에 있었으나 일본인이 무단 반출하려 하자 경복궁으로 옮겨놓았고 지금은 국립광주박물관에 있다. | | | |
| 전 원주 흥법사지 염거화상탑 | 傳 原州 興法寺址 廉居和尙塔 | 서울 용산구 국립중앙박물관 | 통일신라 9세기 | |
| | 통일신라 말의 승려 염거화상이 844년 입적하자 그의 사리를 안치한 승탑이다. 원래 강원도 흥법사 터에 있었다고 하지만 확실한 근거가 없기 때문에 이름 앞에 '전(傳)'자를 붙였다. 즉 흥법사에 있었던 것으로 전한다는 뜻이다. 승탑(부도) 중에서는 가장 오래됐다. | | | |
| 산청 범학리 3층석탑 | 山淸 泛鶴里 三層石塔 | 경남 진주시 국립진주박물관 | 통일신라 9세기 | |
| | 경남 산청의 범학사 절터에 무너져 있던 탑이다. 1941년경 대구로, 1947년 서울 경복궁으로, 2005년 용산 국립중앙박물관으로 이전되었다. 기단과 탑신의 1층 몸돌에 팔부신중(八部神衆, 불법을 수호하는 신들) 및 보살상이 화려하게 조각되어 있다. | | | |
| 계유명 전씨 아미타불비상 | 癸酉銘全氏阿彌陀佛碑像 | 충북 청주시 국립청주박물관 | 통일신라 7세기 | |
| | 충남 연기군 비암사에서 발견된 이 아미타삼존상은 4각의 길죽한 돌의 각 면에 불상과 글씨를 조각한 비상(碑像) 형태다. 조각이 정교하면서도 장엄하고, 세부 양식 등에서 계유명 삼존천불비상(국보)과 비슷하다. 문무왕 13년(673)에 제작한 것으로 추정한다. | | | |
| 백자 철화 포도무늬 항아리 | 白磁 鐵畵葡萄文 壺 | 서울 이화여자대학교 박물관 | 조선 18세기 | 1권 126-130 |
| | 흑갈색 철사(鐵砂)안료를 이용해 포도 무늬를 그린 백자항아리. 포도의 알과 잎, 줄기 등이 살아 있는 듯한 모습이 특히 매력적이다. 안료의 농담과 강약의 적절한 구사, 시원스러운 여백 처리 등 작품성이 매우 뛰어나다. | | | |

| 명칭 | 명칭(한자) | 소재지 | 시기 | 본문 쪽수 |
|---|---|---|---|---|
| 계유명 삼존천불비상 | 癸酉銘三尊千佛碑像 | 충북 청주시 국립청주박물관 | 통일신라 7세기 | |
| | 충남 연기군의 서광암이라는 암자에서 발견되었다. 비석 모양의 돌 전체에 불상과 글을 새겨 놓았다. 앞면 삼존불(三尊佛)을 중심으로 좌우에는 글이 새겨져 있고, 그 나머지 면에는 작은 불상을 가득 새겨져 있다. 불상들의 머리 주위에는 연꽃무늬와 불꽃무늬를 조각했다. | | | |
| 군위 아미타여래삼존 석굴 | 軍威 阿彌陀如來三尊 石窟 | 경북 군위군 부계면 | 통일신라 8세기 | |
| | 700년경에 경북 군위군 팔공산 절벽의 동굴에 조성한 석굴사원. 석굴암 석굴(국보)보다 연대가 앞선다. 가운데 본존불은 위엄있고 당당한 모습이다. 좌우의 보살상은 머리에 작은 불상과 정병이 새겨진 관(冠)을 쓰고 있다. | | | |
| 이제현 초상 | 李齊賢 肖像 | 서울 용산구 국립중앙박물관 | 고려 14세기 | |
| | 고려 후기 문신이자 학자인 익재 이제현(益齋 李齊賢, 1287~1367)의 초상화. 충숙왕 때인 1319년, 이제현이 왕과 함께 원나라에 갔을 때 화가 진감여(陳鑒如)에게 그리게 한 작품이다. 비단에 채색하여 그렸다. 가로 93센티미터, 세로 177.3센티미터. | | | |
| 안향 초상 | 安珦 肖像 | 경북 영주시 소수서원 | 고려 14세기 | |
| | 고려 문신인 회헌 안향(晦軒 安珦, 1243~1306)의 상반신 초상화. 1318년 고려 충숙왕의 명에 따라 제작한 작품이다. 현재 전해오는 초상화 가운데 가장 오래됐다. 이제현 초상과 함께 고려 시대 초상화의 원본 2점 가운데 하나다. 가로 29센티미터, 세로 37센티미터. | | | |
| 경주 감은사지 동·서 3층석탑 | 慶州 感恩寺址 東·西 三層石塔 | 경북 경주시 양북면 | 통일신라 7세기 | |
| | 널찍하고 탁 트인 감은사 터에 나란히 서 있는 쌍탑. 옛 신라의 1탑 양식 사찰에서 삼국통일 직후 쌍탑 양식 사찰로 변해가는 과정을 보여주는 최초의 사례다. 별다른 장식 없이도 단정하고 당당하며 품격이 돋보인다. 682년 작. 높이 13.4미터. | | | |
| 청자 철화버드나무무늬 통모양 병 | 靑磁 鐵畵楊柳文 筒形 瓶 | 서울 용산구 국립중앙박물관 | 고려 12세기 | |
| | 전체적으로 단순하면서 소박한 분위기의 철화청자 병이다. 높이 31.6센티미터. 길쭉한 통 모양의 병 앞뒤에 붉은 흙으로 버드나무 한 그루씩 그려 넣었는데 이것이 특히 매력적이다. 단순하고 간결하게 표현한 버드나무 그림에서 세련된 감각, 대담한 추상성 등이 엿보인다. | | | |
| 청자 상감모란·국화무늬 참외모양 병 | 靑磁 象嵌牡丹菊花文 瓜形 瓶 | 서울 용산구 국립중앙박물관 | 고려 12세기 | |
| | 참외 모양(과형, 瓜形)의 청자 꽃병이다. 높이 25.6센티미터. 모란과 국화무늬가 선명하고 단정하게 배치되어 있다. 몸통이 참외 모양이다. 목 위의 아가리가 나팔처럼 벌어진 것이 참외꽃 모양이다. 전북 부안군 유천리 가마터에서 만들어졌을 것으로 짐작된다. | | | |
| 청자 상감넝쿨무늬 대접 | 靑磁 象嵌唐草文 碗 | 서울 용산구 국립중앙박물관 | 고려 12세기 | |
| | 고려 의종 13년(1159)에 죽은 문공유의 무덤(경기 개풍군)에서 묘지(墓誌, 죽은 사람에 대한 내용을 적은 기록)와 함께 출토되었다. 대접 바깥쪽은 상감기법을 이용해 국화를 흑백으로 간결하게 표현했고 안쪽은 모란과 넝쿨무늬를 표현했다. 높이 6센티미터. | | | |
| 청자 상감모란무늬 표주박모양 주전자 | 靑磁 象嵌牡丹文 瓢形 注子 | 서울 용산구 국립중앙박물관 | 고려 12세기 | |
| | 고려자기에 흔히 나타나는 표주박 모양을 하고 있다. 몸통에는 활짝 핀 모란과 피지 않은 봉오리, 잎들로 장식했고 목의 윗부분은 흑백상감으로 구름과 학 무늬를 그려 넣었다. 주전자의 선이 우아하며 비례미와 조형미가 뛰어나다. 높이 34.4센티미터. | | | |
| 장흥 보림사 철조비로자나불좌상 | 長興 寶林寺 鐵造毘盧遮那佛坐像 | 전남 장흥군 보림사 | 통일신라 9세기 | |
| | 전남 장흥군 보림사의 대적광전에 모셔진 철불. 대좌(臺座)와 광배(光背)를 잃고 불신(佛身)만 남아 있는 상태다. 불상의 왼팔 뒷면에 신라 헌안왕 2년(858)에 불상을 만들었다는 명문이 있다. 통일신라 전성기인 8세기 불상에 비해 긴장감과 탄력성이 줄어들었다. | | | |

| 명칭 | 명칭(한자) | 소재지 | 시기 | 본문 쪽수 |
|---|---|---|---|---|
| 금동미륵보살반가사유상(1964) | 金銅彌勒菩薩半跏思惟像(1964) | 서울 용산구 삼성미술관 리움 | 고구려 6, 7세기 | |
| | 1944년 평양시 평천리에서 공사 도중 출토된 보살상이다. 높이 17.5센티미터. 산 모양의 삼산관(三山冠)을 쓰고 있으며 고개를 약간 숙여 생각에 잠겨 있는 모습이다. 입가에는 엷은 미소가 잔잔하다. 고구려의 반가사유상으로는 매우 드문 경우다. | | | |
| 금동연가7년명여래입상 | 金銅延嘉七年銘如來立像 | 서울시 용산구 국립중앙박물관 | 고구려 6세기 | 2권 13-14 |
| | 신라 지역인 경남 의령에서 발견된 고구려 불상이다. 광배(光背) 뒷면의 명문에 따르면 539년 평양 동사(東寺)의 승려들이 만든 천불(千佛) 가운데 29번째 것이다. 좌우로 힘차게 뻗쳐 있는 옷자락, 소용돌이치는 광배의 불꽃무늬 등에서 고구려 특유의 기세를 느낄 수 있다. | | | |
| 용주사 동종 | 龍珠寺 銅鍾 | 경기 화성시 용주사 | 고려 10세기 | |
| | 신라 종 양식을 계승한 고려 초기의 범종이다. 몸체에 통일신라 854년에 조성됐다는 후대의 기록이 있으나 종의 형태와 문양으로 보아 고려 전기의 동종으로 추정한다. 전체적인 조형미와 비천상 등 조각 수법이 뛰어나 고려 동종의 명품으로 꼽는다. 높이 1.44미터. | | | |
| 안동 하회탈 및 병산탈 | 安東 河回탈 및 屛山탈 | 경북 안동시 안동시립박물관 | 고려시대 | |
| | 경북 안동시 하회, 병산마을에 전해 내려오는 고려 탈. 현존 탈놀이 가면 가운데 가장 오래됐다. 하회탈은 아래턱을 따로 조각해 끈으로 달아 놀이할 때 움직이게 해 생동감을 부여한다. 하회탈은 주지탈, 각시탈, 양반탈 등 10종 11개가 전하고 병산탈은 2개가 남아 있다. | | | |
| 양양 진전사지 3층석탑 | 襄陽 陳田寺址 三層石塔 | 강원 양양군 강현면 | 통일신라 9세기 | |
| | 강원 양양군 진전사 터에 있는 3층 석탑이다. 이 탑은 전체적으로 균형감이 뛰어나고 옥개석(지붕돌)의 네 귀퉁이가 경쾌하게 치켜 올라가 그 멋을 더한다. 기단부의 천인상(天人像), 팔부신중(八部神衆) 조각도 뛰어나다. 높이 5미터. | | | |
| 익산 왕궁리 5층석탑 사리장엄구 | 益山 王宮里 五層石塔 舍利莊嚴具 | 전북 익산시 국립익산박물관 | 통일신라 9세기 | 1권 40, 43, 49 |
| | 1965년 익산 왕궁리 5층석탑(국보)을 해체하는 과정에서 나온 사리장엄구다. 금제 사리함, 청동여래입상, 녹색 유리 사리병, 청동요령(불교의식 때 흔들어 소리를 내던 도구), 금강경판 등이 나왔다. | | | |
| 강릉 한송사지 석조보살좌상 | 江陵 寒松寺址 石造菩薩坐像 | 강원 춘천시 국립춘천박물관 | 고려시대 | |
| | 강원도 강릉시 한송사 절터에 있던 보살상으로 1912년 일본으로 옮겨졌다가, 1965년 한일협정에 따라 돌려받았다. 대리석의 질감과 보얀 색상이 이색적이면서도 우아한 기품을 자아낸다. 모양이 흡사한 보물 한송사 석조보살상과 한 쌍이었을 것으로 추정된다. | | | |
| 녹유 뼈항아리와 석제 외함 | 綠釉骨壺와 附石製外函 | 서울 용산구 국립중앙박물관 | 통일신라시대 | |
| | 불교에서 시신을 화장한 후 유골을 매장하는데 사용했던 항아리(골호, 骨壺)이다. 삼국 시대 후기부터 고려 시대까지 성행하였다. 몸체에는 도장을 찍듯 점선과 꽃무늬를 가득 채워 장식하고 유약을 발랐다. 유약을 바른 뼈항아리 가운데 가장 뛰어난 작품으로 꼽는다. | | | |
| 불국사 3층석탑 사리장엄구 | 佛國寺 三層石塔 舍利莊嚴具 | 경북 경주시 불국사 성보박물관 | 통일신라 8세기 | 1권 39, 49 |
| | 1966년 10월 불국사 석가탑을 보수하기 위해 해체했을 때, 탑 내부에서 발견된 유물이다. 세계에서 가장 오래된 목판 인쇄본인 무구정광대다라니경을 비롯해 금동사리합, 은제사리합, 금동비천상, 동경(銅鏡), 여러 모양의 유리속, 비단에 싸여 있는 향, 향나무 조각 등이 있다. | | | |
| 서울 삼양동 금동관음보살입상 | 서울 三陽洞 金銅觀音菩薩立像 | 서울 용산구 국립중앙박물관 | 삼국시대 7세기 | |
| | 1967년 서울 삼양동에서 발견된 보살상. 삼각형 모양의 관에 작은 부처 하나를 새기고 있는 점, 오른손에 정병을 들고 있는 점에서 관음보살임을 알 수 있다. 삼국 시대 후기에 크게 유행했던 관음신앙의 단면을 보여준다. | | | |

| 명칭 | 명칭(한자) | 소재지 | 시기 | 본문 쪽수 |
|---|---|---|---|---|
| 금동관음보살입상 | 金銅觀音菩薩立像 | 서울 용산구 국립중앙박물관 | 백제 7세기 | |
| | 충남 공주에서 출토되었다고 전해지는 백제 시대 보살입상. 높이 15.2센티미터. 6각형의 대좌(臺座)를 보면 엎어놓은 연꽃무늬를 새겼고 그 위에 활짝 핀 연꽃무늬의 대석을 올려놓은 모습이다. 잎이 넓고 부드러운 연꽃잎은 백제 시대 특유의 양식이라고 할 수 있다. | | | | |
| 금동보살입상(1968) | 金銅菩薩立像(1968) | 서울 용산구 국립중앙박물관 | 통일신라 8세기 | |
| | 통일신라 시대에 유행하던 보살상의 양식과 특징을 잘 보여주는 작품. 보살이 서 있던 대좌(臺座)와 머리에 쓰고 있던 관(冠)이 없으며 왼손도 팔뚝에서 떨어져 나간 상태다. 얼굴이나 신체 표현에서 다소 경직된 느낌을 준다. 높이 54.5센티미터. | | | | |
| 구미 죽장리 5층석탑 | 龜尾 竹杖里 五層石塔 | 경북 구미시 선산읍 | 통일신라시대 | |
| | 구미 죽장사 터에 있는 석탑. 안동지역에 유행했던 전탑(벽돌탑) 양식을 모방했다. 높이 10미터로, 전탑을 모방한 국내의 5층탑 가운데 가장 큰 편이다. 전체적으로 웅장하면서도 세련된 조형미를 자랑한다. | | | | |
| 고려말 화령부 호적 관련 고문서 | 高麗末 和寧府 戶籍 關聯 古文書 | 서울 용산구 국립중앙박물관 | 고려 14세기 | |
| | 조선 개국 2년 전인 고려 공양왕 2년(1390), 조선 태조 이성계의 본향인 함경북도 영흥에서 작성한 호적 관련 문서다. 고려 양반의 호적은 2부를 작성해 관아와 개인이 하나씩 보관했는데, 이것은 이성계 자신이 보관하고 있었던 것이다. | | | | |
| 징비록 | 懲毖錄 | 경북 안동시 한국국학진흥원 | 조선 17세기 | |
| | 서애 유성룡(1542~1607)이 임진왜란 때의 상황과 전란의 결과 등을 기록한 책이다. '징비'란 미리 징계하여 후환을 경계한다는 뜻이다. 임진왜란 이전 일본과의 관계, 명나라의 구원병 파견 및 해상 장악에 대한 전황 등 당시 상황이 정확하게 기록되어 있다. | | | | |
| 청자 진사연꽃무늬 표주박모양 주전자 | 青磁 銅畵蓮花文 瓢形 注子 | 서울 용산구 삼성미술관 리움 | 고려 13세기 | |
| | 화려하고 세련된 조형미가 돋보이는 고려청자. 붉은색 진사 안료를 이용해 표면을 연잎 모양으로 대담하게 장식했다. 잘록한 목 부분에서 연 봉오리를 두 손으로 껴안아 들고 있는 어린아이, 손잡이 위에 앉아 있는 개구리의 모습이 인상적이다. 높이 32.5센티미터. | | | | |
| 금동보살삼존입상 | 金銅菩薩三尊立像 | 서울 용산구 국립중앙박물관 | 삼국시대 6세기 | |
| | 하나의 광배(光背)에 삼존상을 배치한 6세기 삼국 시대 보살상이다. 보살상 좌우로 나한상을 배치한 것은 우리나라에서 처음 보이는 독특한 형식이어서 학술적 가치가 높다. 강원도 춘천에서 출토된 것으로 전해온다. | | | | |
| 혜원 풍속도 화첩 | 申潤福 筆 風俗圖 畵帖 | 서울 성북구 간송미술관 | 조선 18~19세기 | |
| | 혜원 신윤복(1758~ ?)이 18세기 말~19세기 초에 그린 풍속화첩. 〈단오풍정(端午風情)〉〈월하정인(月下情人)〉 등 풍속화 30점이 들어 있다. 양반과 기생의 연애와 유희 등 양반 사회의 유흥문화 등을 세련되고 화사한 색감과 분위기로 표현한 작품들이다. 각 35×28센티미터. | | | | |
| 금동 용두보당 | 金銅 龍頭寶幢 | 서울 용산구 삼성미술관 리움 | 고려 10~11세기 | |
| | 일종의 미니어처 당간(幢竿, 사찰에서 깃발을 걸어두던 기둥)으로, 사찰 건물 안에서 의식용으로 사용했던 것이다. 당간 꼭대기에 용 머리를 장식해 놓았다. 용머리 조각이 매우 사실적이고 역동적이어서 고려 금속공예의 수준을 잘 보여준다. 높이 104.3센티미터. | | | | |
| 대구 비산동 청동기 일괄 | 大邱 飛山洞 靑銅器 一括 | 서울 용산구 국립중앙박물관 | 철기 기원전 1세기 | |
| | 대구 비산동 초기철기시대 무덤에서 발견된 청동기 유물. 청동검, 칼집 부속구, 투겁창(銅鉾), 소뿔 모양 동기 등이다. 동검은 전형적인 세형동검으로, 칼 끝이 예리하고 칼몸 끝까지 등날이 세워져 있다. 칼자루 끝에는 서로 바라보는 물새 두 마리를 표현했다. | | | | |

| 명칭 | 명칭(한자) | 소재지 | 시기 | 본문 쪽수 |
|---|---|---|---|---|
| 전 고령 금관 및 장신구 일괄 | 傳 高靈 金冠 및 裝身具 一括 | 서울 용산구 삼성미술관 리움 | 가야 5~6세기 | |
| | 경북 고령에서 출토되었다고 전해지는 가야 시대 금관과 부속 금제품이다. 금관은 머리에 두르는 넓은 띠 위에 4개의 풀꽃 모양 장식이 꽂혀 있는 모습이다. 부속 금제품으로는 원, 은행, 꽃, 펜촉, 단추 모양의 장식품들이 섞여 있다. | | | |
| 김홍도 군선도 병풍 | 金弘道 筆 群仙圖 屛風 | 서울 용산구 삼성미술관 리움 | 조선 18세기 | |
| | 단원 김홍도(1745~1806년경)의 도석인물화. 1776년 작. 도석인물화란 불교나 도교에 관계된 초자연적인 인물상을 표현한 그림이다. 바람에 흘날리는 옷자락의 거침없는 표현, 신선들의 생동감 넘치는 몸짓과 얼굴 표정 등에서 김홍도 그림의 높은 수준을 가늠할 수 있다. | | | |
| 나전 꽃무늬장식 동경 | 螺鈿 花文 銅鏡 | 서울 용산구 삼성미술관 리움 | 통일신라 8~10세기 | |
| | 가야의 옛 땅인 경상도 지역에서 출토되었다고 전해지는 거울로, 우리나라에서 발견된 가장 오래된 나전 공예품이다. 지름 18.6센티미터, 두께 0.6센티미터. 나전과 호박으로 장식한 거울 뒷면이 무척이나 화려하다. 이와 유사한 기법으로 만든 거울이 일본 쇼소인(正倉院)에도 전해온다. | | | |
| 고운무늬거울 | 精文鏡 | 서울 동작구 숭실대 박물관 | 청동기 기원전 3세기 | |
| | 지름 약 21센티미터인 이 거울엔 0.3밀리미터 간격으로 0.05밀리미터 정도의 가는 직선 1만3000여 개와 동심원 100여 개가 정교하게 주조되어 있다. 다뉴세문경(多紐細文鏡)이라고도 부른다. 다뉴(多紐)는 고리(紐)가 많다(多)는 것이고, 세문(細文)은 무늬의 선이 가늘고 정교하다는 뜻이다. | | | |
| 동국정운 | 東國正韻 | 서울 광진구 건국대 박물관 | 조선 15세기 | |
| | 우리나라 최초의 표준음 안내서적이다. 조선 세종 때인 1448년에 신숙주, 최항, 박팽년 등이 세종의 명을 받아 편찬했다. 활자본으로 6권 6책이 모두 보존되어 있다. 조선 시대 음운학 연구에 있어 귀중한 자료다. | | | |
| 화순 대곡리 청동기 일괄 | 和順 大谷里 靑銅器 一括 | 광수 북구 국립광주박물관 | 청동기 기원진 3세기 | |
| | 전남 화순군 대곡리 영산강 구릉의 청동기 시대 무덤 유적에서 출토된 유물들이다. 출토된 청동기 유물 중 세형동검(청동검) 3점, 청동팔령두 2점, 청동쌍령구 2점, 청동손칼 1점, 청동도끼 1점, 잔무늬거울(청동세문경) 2점 등이 포함된다. 모두 제작기법이 뛰어나다. | | | |
| 영암 월출산 마애여래좌상 | 靈巖 月出山 磨崖如來坐像 | 전남 영암군 회문리 | 통일신라말~고려초 | |
| | 전남 영암 월출산의 암벽을 깊게 판 뒤 그 안에 조성해놓은 높이 8.6미터의 불상이다. 불상 오른쪽 무릎 옆엔 예배하는 동자상을 조각해놓았다. 전체적으로 근엄하고 힘이 넘친다. 그러나 신체에 비해 얼굴은 크고 팔은 작아 비례감이 떨어지는 편이다. | | | |
| 짐승얼굴무늬 청동로 | 鬼面 靑銅爐 | 서울 용산구 국립중앙박물관 | 고려 시대 | 2권 143, 160 |
| | 받침대 위에 솥 모양의 몸체가 올라가 있으며 몸체 잘룩한 부분에 도깨비 얼굴을 큼지막하게 새겼다. 얼굴에 입을 뚫어서 바람이 안으로 들어갈 수 있도록 했다. 모양은 향로와 비슷하지만 통풍구를 뚫은 것으로 미루어 풍로나 다로(茶爐)로 사용된 듯하다. 높이 12.9센티미터. | | | |
| 전 논산 청동방울 일괄 | 傳 論山 靑銅鈴 一括 | 서울 용산구 국립중앙박물관 | 청동기 기원전 4세기 | |
| | 청동기 시대 의식을 행할 때 흔들어 소리를 내던 청동방울이다. 충남 논산에서 발견된 것으로 전해온다. 8각형 별 모양, 포탄 모양, X자 모양, 아령 모양 등 형태가 다양하다. 청동기 시대 사람들의 신앙이나 의식 연구에 중요한 자료가 된다. | | | |
| 울주 천전리 각석 | 蔚州 川前里 刻石 | 울산 울주군 천전리 | 청동기 시대~신라 법흥왕 | 1권 148-150 |
| | 울산 태화강 물줄기인 대곡천 중류의 암벽에 새겨진 그림과 글씨. 높이 3미터, 폭 10미터에 달한다. 동그라미(동심원), 마름모, 물결무늬와 같은 기하학적인 형상을 비롯해 청동기 시대 사람들의 일상과 종교적 기원 등을 표현했다. 신라 화랑에 관련된 글씨도 새겨져 있다. | | | |

| 명칭 | 명칭(한자) | 소재지 | 시기 | 본문 쪽수 |
|---|---|---|---|---|
| 십칠사찬고금통요 권16, 권17 | 十七史纂古今通要 卷十六 | 서울 관악구 서울대 규장각 한국학연구원, 서울 서초구 국립중앙도서관 | 조선 15세기 | |
| | 중국은 원나라 때 《사기》《한서》《후한서》《삼국지》 등 중국 고대부터 송나라까지의 17개 역사서를 간추려 《십칠사찬고금통요》를 편찬했다. 그것을 1412년에 조선 최초의 금속활자인 계미자(1403년 제작)로 인쇄해 출간한 책이다. 서울대 규장각이 권16을, 국립중앙도서관이 권17을 소장하고 있다. | | | |
| 동래선생 교정 북사상절 권4, 5 / 권6 | 東萊先生校正北史詳節 卷四, 五 | 서울 성북구 간송미술관, 서울 개인 소장 | 조선 15세기 | |
| | 중국 송나라 여조겸은 12세기에 북위, 북주, 북제,수나라 등의 역사서인 《북사》의 내용을 가려뽑아 《북사상절》을 편찬했다. 그것을 15세기에 조선 최초의 금속활자인 계미자로 인쇄해 출간한 책이다. 간송미술관이 권4, 권5를, 개인이 권6을 소장하고 있다. | | | |
| 송조표전총류 권7 | 宋朝表牋總類 卷七 | 서울 관악구 서울대 규장각 한국학연구원 | 조선 15세기 | |
| | 표전(表牋)은 신하가 소회나 제언 등을 담아 국왕에게 올리는 글이다. 중국 송나라 때 표전 가운데 모범이 될만한 것을 골라 유형별로 정리한 책이다. 조선 최초의 금속활자인 계미자를 활용해 15세기에 간행한 것이다. 권7만 남아 있다. | | | |
| 조선왕조실록 정족산 사고본 | 朝鮮王朝實錄 鼎足山史庫本 | 서울 관악구 서울대 규장각 한국학연구원 | | |
| 조선왕조실록 태백산 사고본 | 朝鮮王朝實錄 太白山史庫本 | 부산 연제구 국가기록원 역사기록관 | | |
| 조선왕조실록 오대산 사고본 | 朝鮮王朝實錄 五臺山史庫本 | 서울 종로구 국립조선왕조실록박물관 | 조선 시대 | 1권 43, 191-197 |
| 조선왕조실록 적상산 사고본 | 朝鮮王朝實錄 赤裳山史庫本 | 국립중앙박물관, 한국학중앙연구원 | | |
| 조선왕조실록 봉모당 (奉謨堂, 규장각 부속 건물)본 | 朝鮮王朝實錄 奉謨堂本 | 경기 성남시 한국학중앙연구원 | | |
| 조선왕조실록 낙질 및 산엽본 | 朝鮮王朝實錄 落帙 및 散葉本 | 서울 관악구 서울대 규장각 한국학연구원 | | |
| | 조선 태조 때부터 25대 철종 때까지 472년간(1392~1863)의 역사를 정치·사회·경제·문화 등 다방면에 걸쳐 편년체(編年體)로 기록한 역사서. 《조선왕조실록》은 이렇게 6건의 국보로 지정되어 있다. 일제강점기에 작성된 고종과 순종의 실록은 제외한다. | | | |
| 비변사등록 | 備邊司謄錄 | 서울 관악구 서울대 규장각 한국학연구원 | 조선 시대 후기 | |
| | 조선 중기 이후 최고 의결기관이었던 비변사에서 매일 처리한 업무 내용을 기록한 책. 《승정원일기》《일성록》 등과 함께 조선 시대 연구의 기본적인 자료다. 책 순서의 표시가 없고 다만 간지(干支)만으로 등록연도를 표기하고 있다. | | | |
| 일성록 | 日省錄 | 서울 관악구 서울대 규장각 한국학연구원 | 조선시대 후기 | |
| | 조선 영조 36년(1760) 1월부터 1910년 8월까지 151년간 국정에 관한 사항을 기록한 일기체의 연대기. 임금의 입장에서 펴낸 일기의 형식을 갖추고 있으나 실질적으로는 정부의 공식적인 기록이다. 현재 2329책이 전하고 있으며 21개월분은 빠진 상태다. | | | |
| 무령왕 금제 관장식 | 武寧王 金製 冠飾 | 충남 공주 국립공주박물관 | 백제 6세기 | 1권 70-75 |
| | 공주시 무령왕릉에서 출토된 한 쌍의 금제 왕관(王冠) 장식물. 높이 30.7센티미터. 전체적으로 타오르는 불꽃 모양이며 화려하면서도 생동감 넘치는 디자인이 돋보인다. 무령왕릉은 백제 25대 무령왕(재위 501~523)과 왕비의 무덤으로, 벽돌을 이용해서 만든 벽돌무덤(전축분)이다. | | | |
| 무령왕비 금제 관장식 | 武寧王妃 金製 冠飾 | 서울 용산구 국립중앙박물관 | 백제 6세기 | 1권 70-75 |
| | 무령왕릉에서 출토된 왕비의 관장식 한 쌍. 높이 22.6센티미터. 크고 화려한 왕의 금제 관장식에 비해 규모가 조금 작고 구슬 등의 장식도 달려 있지 않다. 전체적으로 한 송이 꽃봉오리 모양이며, 단정하고 절제된 분위기를 보여준다. | | | |

| 명칭 | 명칭(한자) | 소재지 | 시기 | 본문 쪽수 |
|---|---|---|---|---|
| 무령왕 금귀걸이 | 武寧王 金製耳飾 | 충남 공주시 국립공주박물관 | 백제 6세기 | 1권 71 |
| | 무령왕릉에서 출토된 금 귀걸이 한 쌍으로 길이는 8.3센티미터다. 왕의 머리 부근에서 발견되었다. 굵은 고리를 중심으로 나뭇잎 모양 장식 등 2가닥의 장식물을 길게 늘어뜨렸다. 전체적으로 간결하면서도 은근한 화려함을 지니고 있다. | | | |
| 무령왕비 금귀걸이 | 武寧王妃 金製耳飾 | 충남 공주시 국립공주박물관 | 백제 6세기 | 1권 71 |
| | 무령왕릉에서 출토된 왕비의 귀걸이 2쌍이다. 길이는 각각 11.8센티미터, 8.8센티미터. 함께 출토된 무령왕 금귀걸이보다 장식물이 더 길고 더 화려하다. 왕의 귀걸이가 묵직한 남성미를 보여준다면 이것은 날렵한 여성미를 보여준다. | | | |
| 무령왕비 금목걸이 | 武寧王妃 金製頸飾 | 충남 공주시 국립공주박물관 | 백제 6세기 | 1권 71 |
| | 무령왕릉에서 발견된 무령왕비의 목걸이. 아홉 마디로 된 것과 일곱 마디로 된 것 2종류가 있다. 발굴 당시 일곱 마디 목걸이가 아홉 마디 목걸이 밑에 겹쳐져 있는 상태로 확인되었다. 현대적 감각의 세련미가 돋보이는 공예품이다. | | | |
| 무령왕 금제 뒤꽂이 | 武寧王 金製 釵 | 충남 공주시 국립공주박물관 | 백제 6세기 | 1권 71 |
| | 무령왕릉에서 발견된 머리 장신구. 목관 내부 왕의 머리 부근에서 발견되었다. 길이는 18.4센티미터, 위쪽 폭은 6.8센티미터. 디자인이 매우 날렵해 마치 요즘 제작한 현대 공예품 같다. 끝이 3개로 갈라진 것으로 보아 의례 때 머리에 꽂았던 장식품으로 보인다. | | | |
| 무령왕비 은팔찌 | 武寧王妃 銀製釧 | 충남 공주시 국립공주박물관 | 백제 6세기 | |
| | 무령왕릉 왕비의 목관 내부 왼쪽 팔 부근에서 발견된 한 쌍의 은제 팔찌다. 지름 8센티미터. 안쪽에는 톱니 모양을 새겼고 바깥면에는 발이 셋 달린 용을 두 마리 새겨 넣었다. 제작 시기와 제작자에 관한 내용이 새겨져 있다. 전체적으로 모양이 깔끔하고 중후하다. | | | |
| 무령왕릉 청동거울 일괄 | 武寧王陵 銅鏡 一括 | 충남 공주시 국립공주박물관 | 백제 6세기 | 1권 71 |
| | 무령왕릉에서 발견된 청동거울 3점. 중국 후한의 거울을 모방하여 만든 방격규구신수문경(方格規矩神獸文鏡, 지름 17.8센티미터), 의자손이라는 글씨가 표현된 의자손명수대문경(宜子孫銘獸帶文鏡, 지름 23.2센티미터), 상서로운 동물을 새긴 수대문경(獸帶文鏡, 지름 18.1센티미터)이다. | | | |
| 무령왕릉 석수 | 武寧王陵 石獸 | 충남 공주시 국립공주박물관 | 백제 6세기 | 1권 72 |
| | 무령왕릉에서 발굴된 이 석수(石獸)는 돌로 만든 짐승 조각이다. 석수는 사악한 기운이 침입하지 않도록 무덤 앞 또는 무덤 안에 세워둔다. 몸통 좌우, 앞뒤 다리에 불꽃무늬를 조각했고 머리 위에는 나뭇가지 형태의 철제 뿔이 붙어 있다. 높이 30.8센티미터 길이 49센티미터. | | | |
| 무령왕릉 지석 | 武寧王陵 誌石 | 충남 공주시 국립공주박물관 | 백제 6세기 | 1권 72 |
| | 무령왕릉에서 출토된 무령왕 부부의 지석. 장례를 지낼 때 땅의 신으로부터 묘소로 쓸 땅을 사들인다는 내용 등을 새겨 넣은 일종의 매지권(買地券)이다. 삼국 시대 고분에서 발견된 유일한 매지권으로, 그 덕분에 무덤의 주인공이 무령왕 부부임을 알게 되었다. | | | |
| 무령왕비 베개 | 武寧王妃 頭枕 | 충남 공주시 국립공주박물관 | 백제 6세기 | 1권 71 |
| | 무령왕릉 목관 안에서 발견된 왕비의 나무 베개. 생전에 실제 사용했던 것은 아니고 시신의 머리를 받치기 위한 것이었다. 베개의 양옆 윗면에는 암수 한 쌍으로 보이는 목제 봉황머리가 놓여 있다. 앞면에는 금으로 거북등 모양의 무늬를 표현했다. | | | |
| 무령왕 발받침 | 武寧王 足座 | 충남 공주시 국립공주박물관 | 백제 6세기 | 1권 71 |
| | 무령왕릉 목관 안에서 발견된 왕의 목제 발받침대. 왕비의 베개(두침)와 마찬가지로 장례용으로 만든 것이다. 전면에 검은색 옻칠을 하고 폭 0.7센티미터 정도의 금판을 오려 거북등 무늬를 만들어 붙였으나 일부는 떨어져 없어졌다. | | | |

| 명칭 | 명칭(한자) | 소재지 | 시기 | 본문 쪽수 |
|---|---|---|---|---|
| 백자 철화매화·<br>대나무무늬 항아리 | 白磁 鐵畵梅竹文 壺 | 서울 용산구 국립중앙박물관 | 조선 16세기 | |
| | 매화와 대나무 무늬를 그려 넣은 백자항아리. 높이 41.3센티미터. 몸체의 한 면에는 대나무를, 다른 한 면에는 매화 등걸을 그려 넣었다. 풍만한 모양새에 능숙한 솜씨로 매화와 대나무를 표현하여 무늬와 형태가 잘 어울리는 수작이다. | | | |
| 청자 인물모양<br>주전자 | 靑磁 人物形 注子 | 서울 용산구 국립중앙박물관 | 고려 13세기 | |
| | 고려 시대의 대표적인 상형(象形)청자 가운데 하나다. 상형청자는 사람이나 동물의 모습을 본떠 만든 청자를 말한다. 이 청자는 머리에 모자를 쓰고 도포를 입은 사람이 복숭아를 얹은 쟁반을 들고 있는 모습이다. 1971년 대구시 교외의 한 과수원에서 발견되었다. | | | |
| 청자 양각<br>대나무마디무늬 병 | 靑磁 陽刻竹節文 甁 | 서울 용산구 삼성미술관 리움 | 고려 12세기 | |
| | 참신하고 세련된 모습에, 탁월한 조형미를 자랑하는 고려청자. 높이 33.8센티미터. 밑에서 위로 뻗은 대나무는 어깨 부위를 지나며 두 줄기가 한 줄기로 합쳐져 매우 좁고 긴 목을 이룬다. 아가리는 나팔처럼 벌어졌고, 목은 길고 날렵하며 몸통 아랫부분이 매우 풍만하다. | | | |
| 백자 청화매화·새·<br>대나무무늬<br>항아리 | 白磁 靑畵梅鳥竹文 壺 | 서울 용산구 국립중앙박물관 | 조선 15세기 | |
| | 푸른색 청화 안료로 매화나무에 앉아 있는 새 모습을 그린 청화백자 항아리. 높이 16.8센티미터. 매화가지와 새는 검푸른 색이어서 이색적이다. 그 밑 푸른색의 가녀린 국화와 대비되면서 상쾌한 분위기를 연출한다. 뚜껑이 있는 백자 항아리다. | | | |
| 청동 은입사<br>봉황무늬 합 | 靑銅 銀入絲 鳳凰文 盒 | 서울 용산구 삼성미술관 리움 | 고려 11~12세기 | |
| | 정교한 은입사(銀入絲) 기법을 보여주는 합(盒, 뚜껑이 있는 그릇). 은입사는 원하는 모양을 파낸 뒤 거기에 은실을 두드려 박는 기법을 말한다. 뚜껑 윗면엔 구름을 타고 날아가는 봉황이 은입사 기법으로 세밀하고 화려하게 장식되어 있다. 높이 9.9센티미터. | | | |
| 진양군 영인정씨묘<br>출토 유물 | 晋陽郡 令人鄭氏墓 出土 遺物 | 서울 용산구 삼성미술관 리움 | 조선 15세기 | |
| | 경남 거창군의 진양군 영인 정씨(1466년 사망)의 무덤에서 출토된 묘지(墓誌), 백자 편병(扁甁, 납작한 병), 잔, 잔 받침이다. 이 가운데 바둑알을 세워놓은 듯한 백자 편병이 특이하다. 몸통에는 흑색 상감으로 풀과 꽃무늬를 그려 넣었다. | | | |
| 청자 퇴화 점무늬<br>나한좌상 | 靑磁 堆花點文 羅漢坐像 | 서울 강남구 개인 소장 | 고려 12세기 | |
| | 사색하듯 숙연히 아래를 내려다보는 수행자 나한(羅漢)의 모습을 표현한 고려청자다. 머리와 옷주름, 눈썹, 눈동자, 바위 대좌 등에는 철분이 함유된 검은색 안료를 군데군데 칠했고, 옷의 주름가에는 백토를 사용하여 도드라지게 점을 찍었다. | | | |
| 금동 수정 장식 촛대 | 金銅 水晶 裝飾 燭臺 | 서울 용산구 삼성미술관 리움 | 통일신라 9세기경 | |
| | 촛물받이와 기둥에 수정을 박아넣은 금동제 촛대 한 쌍이다. 6장의 꽃잎 모양을 한 받침이 기둥 줄기를 사이에 두고 아래위로 놓여 있으며 위쪽의 초꽂이는 원통형이다. 전체적으로 비례와 균형이 뛰어나며 화려하고 장식적인 요소가 돋보인다. 높이 36.8센티미터. | | | |
| 백자 상감 연꽃·<br>넝쿨무늬 대접 | 白磁 象嵌蓮花唐草文 大楪 | 서울 용산구 국립중앙박물관 | 조선 15세기 | |
| | 연꽃과 넝쿨(唐草)무늬를 상감 기법으로 장식한 조선 시대 백자 대접. 무늬를 과하게 표현하지 않고 절제하면서 가는 선으로 단순하게 표현한 것이 오히려 더욱 담백한 맛을 느끼게 한다. 밖으로 살짝 벌어진 아가리 부분이 이 대접을 더욱 아름답게 한다. | | | |
| 백자 청화<br>'홍치2년'명 소나무·<br>대나무무늬 항아리 | 白磁 靑畵'弘治二年'銘 松竹文 立壺 | 서울 중구 동국대 박물관 | 조선 15세기 | |
| | 표면을 가득 채운 소나무와 대나무의 당당한 그림이 인상적인 조선 청화백자. 높이 48.7센티미터. 오랫동안 지리산 화엄사에 전해져 왔던 유물로, 두 번이나 도난당한 바 있다. 주둥이 안쪽에 '홍치(弘治) 2년'이라는 명문이 있어 1489년에 만들었음을 알 수 있다. | | | |

| 명칭 | 명칭(한자) | 소재지 | 시기 | 본문 쪽수 |
|---|---|---|---|---|
| 분청사기 인화국화무늬 태항아리 | 粉靑沙器 印花菊花文 胎壺 | 서울시 성북구 고려대 박물관 | 조선 15세기 | |
| | 왕실에서 태를 담기 위해 사용했던 분청사기 항아리. 이것은 내항아리와 외항아리로 이뤄져 있으며 15세기 중엽 인화무늬(印花文) 분청사기 가운데 가장 세련된 작품이다. 인화문은 도장 찍듯 콕콕 찍어서 표현한 무늬를 말한다. 높이 26.5센티미터. | | | |
| 분청사기 음각 물고기무늬 편병 | 粉靑沙器 陰刻魚文 扁瓶 | 서울 용산구 국립중앙박물관 | 조선 15세기 | |
| | 위로 솟구치는 물고기 두 마리의 모습이 힘차고 낭만적이다. 조선 도공의 여유와 자신감이 잘 드러난 15세기 분청사기의 명품이다. 편병은 넙적한 병을 말한다. 높이 22.6센티미터. 물고기는 분청사기에 많이 나타나는 무늬 가운데 하나다. | | | |
| 분청사기 박지연꽃· 물고기무늬 편병 | 粉靑沙器 剝地蓮花魚文 扁瓶 | 서울 관악구 호림박물관 | 조선 15세기 | |
| | 박지 기법으로 연꽃과 물고기를 무늬로 표현한 15세기 분청사기 편병이다. 높이 22.5센티미터. 박지(剝地)는 원하는 모습 이외의 부분을 파내는 방식으로 무늬를 드러내는 기법을 말한다. 연잎과 여러 개의 연꽃봉오리 사이에 있는 물고기가 자연스럽고 낭만적이다. | | | |
| 김정희 세한도 | 金正喜 筆 歲寒圖 | 서울 용산구 국립중앙박물관 | 조선 19세기 | 1권 108-113, 2권 173-176 |
| | 김정희(1786~1856)가 1844년 제주도에서 귀양살이를 할 때 그린 작품. 조선 선비의 품격과 기상을 잘 표현한 문인화로 꼽힌다. 중국 베이징으로부터 귀한 책들을 구해다 준 제자 이상적에게 고마움을 표하기 위해 그린 것으로, 소나무와 측백나무가 선비의 기상을 상징한다. | | | |
| 장양수 홍패 | 張良守 紅牌 | 경북 울진 울산장씨 종친회 | 고려 13세기 | |
| | 고려 1205년에 진사시에 급제한 장양수에게 내린 교지(敎旨). 가로 88센티미터, 세로 44.3센티미터의 두루마리 형태로 되어 있다. 조선 시대 과거에 급제한 사람들에게 내린 홍패(紅牌), 백패(白牌)와 같은 성격의 교지다. 고려의 과거제도 연구에 귀중한 자료다. | | | |
| 구미 선산읍 금동여래입상 | 龜尾 善山邑 金銅如來立像 | 대구 수성구 국립대구박물관 | 통일신라 8세기 | |
| | 1976년 경북 구미시 선산읍의 한 뒷산 공사현장에서 금동보살상 2구(국보)와 함께 출토되었다. 이것은 왼손과 왼발 일부가 없어졌지만 도금 상태는 좋은 편이다. 몸의 형태나 세부 표현이 부드럽고 단순하며, 옷주름이 잘 정리되어 단정한 인상을 준다. | | | |
| 구미 선산읍 금동보살입상 (1976-1) | 龜尾 善山邑 金銅菩薩立像(1976-1) | 대구 수성구 국립대구박물관 | 신라 7세기 | |
| | 1976년 경북 구미시 선산읍의 한 뒷산 공사현장에서 출토되었다. 균형미와 조각 수법이 뛰어나다. 보살상은 연꽃무늬가 새겨진 대좌(臺座) 위에 오른쪽 무릎을 약간 구부린 채 자연스럽고 유연한 자세로 서 있다. 얼굴 표현은 분명하고 미소가 가득하다. | | | |
| 구미 선산읍 금동보살입상 (1976-2) | 龜尾 善山邑 金銅菩薩立像(1976-2) | 대구 수성구 국립대구박물관 | 신라 7세기 | |
| | 1976년 경북 구미시 선산읍의 한 뒷산 공사현장에서 출토되었다. 전체적으로 근엄하고 당당한 모습이다. 장신구의 표현이 복잡하고 화려하며 중국적 요소가 강한 점으로 미루어 7세기 전반에 만들어진 것으로 추정된다. | | | |
| 상지은니 묘법연화경 | 橡紙銀泥 妙法蓮華經 | 서울 용산구 국립중앙박물관 | 고려 14세기 | |
| | 묘법연화경은 흔히 법화경이라고 부른다. 이 책은 중국의 구마라습(鳩摩羅什)이 번역한 《묘법연화경》 7권을 고려 공민왕 22년(1373)에 옮겨 쓴 것이다. 각 권은 병풍처럼 펼쳐서 볼 수 있는 형태로 되어 있다. 크기는 세로 31.4센티미터, 가로 11.7센티미터. | | | |
| 양평 신화리 금동여래입상 | 楊平 新花里 金銅如來立像 | 서울 용산구 국립중앙박물관 | 삼국 7세기 | |
| | 1976년 경기도 양평군 신화리에서 농지정리를 하던 중 발견되었다. 얼굴은 길고 둥글어 풍만한 느낌을 주며 몸체는 단순한 원통형이다. 목은 매우 길고 굵으며 얼굴에 비해 몸이 길어 다소 우스꽝스럽고 비현실적인 모습이다. 높이 30센티미터. | | | |

| 명칭 | 명칭(한자) | 소재지 | 시기 | 본문 쪽수 |
|---|---|---|---|---|
| 영양 산해리 5층모전석탑 | 英陽 山海里 五層模塼石塔 | 경북 영양군 입암면 | 통일신라 10세기 | |
| | 모전(模塼)석탑은 돌을 벽돌 모양으로 다듬어 쌓은 탑을 말한다. 전체적으로 균형이 있고 축조방식이 정연하고 장중하다. 기단의 모습과 돌을 다듬은 솜씨, 감실(龕室, 불상 등을 모셔놓는 작은 집)의 장식 등으로 미루어 통일신라 것으로 추정된다. | | | |
| 천마총 금관 | 天馬塚 金冠 | 경북 경주시 국립경주박물관 | 신라 6세기 | 1권 153-154, 165 |
| | 경주 천마총에서 발견된 신라 금관. 이 금관이 나온 무덤은 천마도가 함께 발견되어 천마총이라는 이름을 붙였다. 이것은 전형적인 신라 금관으로, 묻힌 사람이 머리에 쓴 채로 발견되었다. 금관 안에 쓰는 내관이나 관을 쓰는 데 필요한 물건들도 출토되었다. | | | |
| 천마총 관모 | 天馬塚 冠帽 | 경북 경주시 국립경주박물관 | 신라 6세기 | 1권 154 |
| | 천마총에서 금관(국보)과 함께 출토된 신라의 황금 모자다. 금모(金帽)란 금으로 만든 관(冠) 안에 쓰는 모자를 말한다. 금판을 뚫어서 다양한 무늬를 낸 뒤 그것을 서로 이어붙여 만들었다. | | | |
| 천마총 금제 허리띠 | 天馬塚 金製 銙帶 | 경북 경주시 국립경주박물관 | 신라 6세기 | 1권 154 |
| | 직물로 된 띠의 표면에 사각형의 금속판을 이어 붙인 허리띠다. 뚫어서 무늬를 장식한 금판 44개를 연결해서 만들었고 길이는 125센티미터. 여기에 13줄의 띠드리개(밑으로 늘어뜨린 허리띠 장식물)가 달려 있다. 신라 황금 문화의 화려함과 뛰어난 금속공예술을 잘 보여준다. | | | |
| 황남대총 북분 금관 | 皇南大塚 北墳 金冠 | 서울 용산구 국립중앙박물관 | 신라 5세기 | 1권 153-158 |
| | 경주시 황남동 대릉원에 황남대총의 북쪽 여성 무덤에서 출토된 금관. 시대는 5세기 후반으로 추정되고 높이는 27.5센티미터. 신라 금관의 전형적인 형태를 갖추고 있으며, 어느 금관보다도 곡옥(曲玉, 굽은 모양의 옥)이 많이 달려 있어 화려함이 두드러진다. | | | |
| 황남대총 북분 금제 허리띠 | 皇南大塚 北墳 金製 銙帶 | 서울 용산구 국립중앙박물관 | 신라 5세기 | |
| | 직물로 된 띠의 표면에 사각형의 금속판 28장을 이어 붙인 허리띠로, 길이 120센티미터. 허리띠는 주위에 있는 작은 구멍들로 미루어 가죽 같은 것에 꿰었던 것으로 짐작된다. 여기에 13줄의 장식용 띠드리개를 경첩으로 연결해 화려하게 늘어뜨렸다. | | | |
| 황남대총 남분 유리병 및 잔 | 皇南大塚 南墳 琉璃甁 및 盞 | 서울 용산구 국립중앙박물관 | 신라 5세기 | |
| | 황남대총 쌍분 가운데 남쪽 남성의 무덤에서 발견된 유리제품. 병과 잔은 가까운 거리에서 출토되어 하나의 세트였던 것 같다. 유리의 질과 그릇의 형태, 색깔로 미루어 서역(페르시아와 로마 등)에서 수입된 것으로 보인다. | | | |
| 황남대총 남분 금목걸이 | 皇南大塚 南墳 金製頸飾 | 서울 용산구 국립중앙박물관 | 신라 5세기 | |
| | 황남대총의 남쪽 무덤에서 나온 길이 33.2센티미터 금목걸이. 사람의 목에 걸려 있는 채로 발견되었다. 금실을 꼬아서 만든 금사슬과 속이 빈 금구슬을 교대로 연결하고, 아래쪽 늘어지는 곳에 금으로 만든 굽은 옥을 달았다. 전체적으로 우아하고 세련되었다. | | | |
| 토우장식 목이 긴 항아리 | 土偶裝飾 長頸壺 | 경북 경주시 국립경주박물관 | 신라 5, 6세기 | 1권 44 |
| | 목 부분에 다양한 모습의 토우가 장식되어 있는 항아리다. 토우는 작은 흙인형을 말한다. 이 항아리를 보면 어깨와 목이 만나는 부위에 가야금을 타는 임산부, 사랑을 나누는 남녀, 토기와 뱀 등의 토우를 장식했다. 남녀의 에로틱한 토우가 특히 대담하고 인상적이다. | | | |
| 신라백지묵서 대방광불화엄경 주본 권1~10, 44~50 | 新羅白紙墨書 大方廣佛華嚴經 周本 卷一~十, 四十四~五十 | 서울 용산구 삼성미술관 리움 | 통일신라 8세기 | |
| | 현재 남아 있는 사경(寫經) 가운데 가장 오래됐다. 사경은 경문을 직접 쓰고 그림을 그려 장엄하게 꾸민 불경을 말한다. 이것은 두루마리 형식으로 되어 있고 길이는 1390센티미터다. 황룡사의 연기법사가 755년 간행했다. 대방광불화엄경은 흔히 화엄경이라고 한다. | | | |

| 명칭 | 명칭(한자) | 소재지 | 시기 | 본문 쪽수 |
|---|---|---|---|---|
| 충주 청룡사지 보각국사탑 | 忠州 靑龍寺址 普覺國師塔 | 충북 충주시 소태면 | 조선 14세기 | |
| | 고려말 승려인 보각국사가 조선 태조 원년인 1392년에 입적하자 그의 사리를 모시기 위해 만든 승탑(부도)이다. 탑신(몸돌)에는 무기를 들고 서 있는 신장상(神將像)과 이무기의 모습을 생동감 넘치게 표현했다. 특히 탑신을 둥글게 부풀려 화려함과 우아함을 더해준다. | | | |
| 단양 신라 적성비 | 丹陽 新羅 赤城碑 | 충북 단양군 하방리 | 신라 6세기 | |
| | 신라 진흥왕이 고구려의 영토인 적성(현재의 충북 단양)지역을 점령한 후에 민심을 안정시키기 위해 세운 석비(石碑). 1978년 발견되었다. 순수(巡狩, 왕이 직접 순행하며 민정을 살핌)의 정신을 담고 있는 척경비(拓境碑, 영토 편입을 기념하여 세운 비)다. | | | |
| 경주 단석산 신선사 마애불상군 | 慶州 斷石山 神仙寺 磨崖佛像群 | 경북 경주시 건천읍 | 신라 7세기 | |
| | 우리나라 석굴사원의 시원(始源) 형식을 보여주는 마애불상군. 거대한 암벽에는 10구의 불상과 보살상이 새겨져 있어 장관이다. 동북쪽 면에 여래입상 1구. 동쪽 면에 보살상 1구, 남쪽 면에 보살상 1구, 북쪽 면에 불상과 보살상과 인물상 7구가 새겨져 있다. | | | |
| 금동보살입상(1979) | 金銅菩薩立像(1979) | 부산 남구 부산시립박물관 | 통일신라 8세기 | |
| | 이 불상은 정면을 응시하는 당당한 모습이 인상적이다. 신체는 탄력이 넘치고 풍만한 가슴에서 가는 허리로 이어지는 곡선이 매우 아름답다. 당당하고 유연한 신체 표현에 품위와 자비로움이 잘 어우러진 통일신라 초기의 수준 높은 불상이다. 대좌와 광배는 없어졌다. | | | |
| 봉화 북지리 마애여래좌상 | 奉化 北枝里 磨崖如來坐像 | 경북 봉화군 물야면 | 신라 7세기 | |
| | 자연 암벽을 파서 거대한 방 모양의 공간을 만들고, 그 안에 높이 4.3미터의 마애불을 도드라지게 새겨 만들었다. 넓고 큼직한 얼굴엔 미소가 가득하고 체구는 당당한 편이다. 불상 뒤편 광배의 중심에 연꽃무늬를 새기고 곳곳에 작은 부처를 표현하였다. | | | |
| 대방광불화엄경 진본 권37 | 大方廣佛華嚴經 晋本 卷三十七 | 서울 서대문구 아단문고 | 고려 11세기 | |
| | 이 책은 간행기록이 정확하게 전하는 《화엄경》 목판본 가운데 가장 오래된 것이다. 1099년 간행되었다. 닥종이에 찍은 목판본으로, 크기는 세로 26센티미터, 가로 768.3. 센티미터. 종이를 계속 이어붙인 두루마리 형식이다. | | | |
| 대방광불화엄경 주본 권6 | 大方廣佛華嚴經 周本 卷六 | 서울 중구 개인 소장 | 고려 12세기 | |
| | 12세기 전남 담양에 사는 전순미(田洵美)가 어머니의 극락왕생을 기원하기 위하여 찍어낸 《화엄경》이다. 닥종이에 찍은 목판본으로 두루마리 형식이며 크기는 세로 30.8센티미터, 가로 649.2센티미터. | | | |
| 대방광불화엄경 주본 권36 | 大方廣佛華嚴經 周本 卷三十六 | 서울 중구 개인 소장 | 고려 13세기 | |
| | 닥종이에 찍은 목판본으로, 두루마리 형식이며 크기는 세로 29.8센티미터, 가로 1253.3센티미터. 책머리에는 불경의 내용을 표현한 변상도(變相圖)가 있다. 이 변상도는 해인사에 있는 판본과 구도는 같지만 훨씬 정교하며 현재까지 알려진 것 중 가장 오래되었다. | | | |
| 충주 고구려비 | 忠州 高句麗碑 | 충북 충주시 가금면 | 고구려 5세기 | |
| | 국내 유일의 고구려 석비. 장수왕이 남한강 유역의 여러 성을 공략하여 개척한 후에 세웠다. 백제의 수도인 한성을 함락하고 한반도의 중부지역까지 장악하여 그 영토가 충주지역에까지 확장되었던 사실을 기록했다. 1979년 발견되었고 중원(中原) 고구려비라고도 부른다. | | | |
| 합천 해인사 고려목판 | 陜川 海印寺 高麗木板 | 경남 합천군 해인사 | 고려 11~14세기 | |
| | 고려 시대의 불교 경전과 고승의 저술, 시문집 등이 새겨진 목판이다. 국가기관인 대장도감(大藏都監)에서 새긴 합천 해인사 대장경판(국보)과 달리 지방관청이나 절에서 새긴 것이다. 현재 해인사 대장경판전 사이에 있는 동·서 사간판전(寺刊板殿)에 보관하고 있다. | | | |

| 명칭 | 명칭(한자) | 소재지 | 시기 | 본문 쪽수 |
|---|---|---|---|---|
| 천마총 장니<br>천마도 | 天馬塚 障泥天馬圖 | 경북 경주시 국립경주박물관 | 신라 6세기 | 1권 164-169 |
| | 1973년 경주 천마총에서 발굴된 천마 그림. 말의 안장 양쪽에 달아 늘어뜨리는 장니(말다래)에 그려진 것이다. 가로 75센티미터, 세로 53센티미터, 두께는 약 6밀리미터. 역동적인 천마가 화면 한 가운데에 있고 테두리에 넝쿨무늬가 배치되었다. 현존하는 유일한 신라 회화 작품이다. ||||
| 도리사 세존사리탑 금동 사리기 | 桃李寺 世尊舍利塔 金銅舍利器 | 경북 김천시 직지사 | 통일신라 말~고려 초 ||
| | 경북 선산군 도리사 세존사리탑 안에서 발견된 6각형 사리함이다. 통일신라 말~고려 초에 만든 것으로 추정된다. 2개 면에는 불자(拂子)와 금강저를 든 천부상을 선과 점으로 새겼고 4개 면에는 사천왕상을 선으로 새겼다. ||||
| 보협인석탑 | 寶篋印石塔 | 서울 중구 동국대 박물관 | 고려 10, 11세기 ||
| | 《보협인다라니경》을 내부에 안치한 탑을 보협인탑이라고 한다. 충남 천안시 북면 대평리 탑골계곡 절터에 무너져 있던 것을 동국대 박물관으로 옮긴 것이다. 국내 유일의 보협인 석탑이다. ||||
| 감지은니<br>불공견삭신변진언경<br>권13 | 紺紙銀泥 不空羂索紳變眞言經 卷十三 | 서울 용산구 국립중앙박물관 | 고려 13세기 ||
| | 은가루를 붓에 찍어 감지(검푸른 종이)에 불경 내용을 옮겨 적은 것이다. 두루마리 형식으로 크기는 세로 30.4센티미터, 가로 905센티미터. 책의 첫머리에는 불법(佛法)을 수호하는 신장상을 가는 금색 선으로 그렸고, 이어 경전의 내용을 은색 글씨로 썼다. 1275년 작. ||||
| 백지묵서 묘법연화경 | 白紙墨書 妙法蓮華經 | 서울 관악구 호림박물관 | 고려 14세기 ||
| | 1377년 하덕란이 어머니의 명복과 아버지의 장수를 빌기 위해《묘법연화경》의 내용을 옮겨 쓴 것이다. 각 권은 병풍처럼 펼쳐서 볼 수 있는 형태이고 접었을 때 크기는 세로 31.8센티미터, 가로 10.9센티미터. 각 권 첫머리엔 변상도(變相圖)를 금색으로 세밀하게 그려 넣었다. ||||
| 대불정여래밀인수증<br>요의제보살만행수능<br>엄경(언해) | 大佛頂如來密因修證了義諸菩<br>薩萬行首楞嚴經(諺解) | 서울 중구 동국대 중앙도서관 | 조선 15세기 ||
| | 《대불정여래밀인수증요의제보살만행수능엄경》은 흔히 《능엄경》이라고 한다. 부처의 말을 직접 체득하여 힘을 갖는 것을 중시하는 경전이다. 조선 세조 때인 1482년 간경도감(刊經都監, 불경을 한글로 풀이하여 간행하는 기구)에서 간행한 책이다. ||||
| 금동탑 | 金銅塔 | 서울 용산구 삼성미술관 리움 | 고려 10, 11세기 ||
| | 목조 건물을 모방해서 만든 고려 전기의 금동탑이다. 실제 건물을 보는 듯 생생하고 화려하다. 금동탑, 청동탑은 절의 건물 안에 모셔 둔다. 보통 20~30센티미터이지만 이것은 높이가 155센티미터에 달하는 대탑이다. 현재 탑신은 5층이지만 원래는 7층 정도였을 것으로 추정된다. ||||
| 흥왕사명 청동<br>은입사 구름용무늬 향완 | 興王寺銘 靑銅 銀入絲 香垸 | 서울 용산구 삼성미술관 리움 | 고려 13세기 ||
| | 절에서 향을 피우는 것은 마음의 때를 씻는다는 의미다. 이 같은 모양의 향로는 고려 시대 때에만 만들어졌고 그래서 특별히 향완이라고 부른다. 세련된 은입사 기법을 사용한 점, 연대를 알 수 있다는 점, 용과 봉황을 무늬로 표현한 점 등에서 가치가 높다. ||||
| 감지은니<br>대방광불화엄경<br>정원본 권31 | 紺紙銀泥 大方廣佛華嚴經 貞元本 卷三十一 | 서울 용산구 국립중앙박물관 | 고려 14세기 ||
| | 1337년에 최안도 부부가 돌아가신 부모의 극락왕생을 기원하고 자신들의 행복을 기원하기 위해 《화엄경》의 내용을 옮겨 쓴 것이다. 검푸른 종이인 감지에 금·은가루를 사용해 그림을 그리고 글씨를 썼다. 표지에 정원본임을 뜻하는 貞字가 금색으로 씌어 있다. ||||
| 정선 인왕제색도 | 鄭敾 筆 仁王霽色圖 | 서울 용산구 국립중앙박물관 | 조선 18세기 | 1권 100, 2권 179 |
| | 겸재 정선(1676~1759)의 1751년 작. 비가 그치고 막 개기 시작하는 인왕산의 모습을 표현했다. 제색(霽色)은 비가 갠다는 뜻이다. 비에 젖은 육중한 바위와 소나무, 산 중턱에 걸린 안개가 돋보인다. 정선이 자신의 후원자였던 시인 이병연에 대한 그리움이 담아 그렸다. ||||

| 명칭 | 명칭(한자) | 소재지 | 시기 | 본문 쪽수 |
|---|---|---|---|---|
| 정선 금강전도 | 鄭敾 筆 金剛全圖 | 서울 용산구 삼성미술관 리움 | 조선 18세기 | 1권 99-100 |
| | 겸재 정선의 금강산 진경산수화 가운데 가장 크고 빼어난 걸작이다. 1734년 작. 원형의 금강산을 S 자로 나누어 태극 모양으로 구획한 뒤 왼쪽은 부드러운 토산(土山)과 나무를, 오른쪽은 거칠고 뾰족한 바위 봉우리의 암산(巖山)을 표현했다. 음양 사상으로 금강산을 재해석해 표현한 것이다. | | | |
| 아미타삼존도 | 阿彌陀三尊圖 | 서울 용산구 삼성미술관 리움 | 고려 14세기 | |
| | 아미타여래와 지장보살, 관음보살이 왕생자를 극락으로 맞이하는 모습을 그린 고려불화. 아미타삼존도는 보통 아미타불을 주존으로 하여 관음보살과 세지보살이 협시불로 등장하는데 세지보살 대신 지장보살을 배치한 것이 특이하다. | | | |
| 백자 청화 매화·대나무무늬 항아리 | 白磁 靑畵梅竹文 立壺 | 서울 용산구 삼성미술관 리움 | 조선 15세기 | |
| | 초기 청화자의 힘과 매력을 제대로 느낄 수 있는 작품. 높이 41센티미터. 전체적인 형태가 당당하고 표면의 매화 대나무 그림에서 힘찬 필력과 강한 기운을 느낄 수 있다. 초기 청화백자여서 중국의 영향이 나타나고 있고 경기도 광주에서 제작된 것으로 추정된다. | | | |
| 청자 상감용·봉황·모란무늬 합 및 탁 | 靑磁 象嵌龍鳳牡丹文 盒 및 托 | 서울 용산구 삼성미술관 리움 | 고려 13세 | |
| | 뚜껑과 받침, 수저가 완전하게 갖추어진 청자대접 세트. 전체 높이 19.3센티미터. 뚜껑에 작고 귀여운 다람쥐 모양의 꼭지를 달고 그 주변으로 흑백상감의 겹 연꽃무늬 띠와 물결무늬 띠, 봉황과 용 무늬를 상감으로 새겨 넣었다. 세련된 조형미에 무늬 표현이 아름다워 청자 명품으로 꼽힌다. | | | |
| 평창 상원사 목조문수동자좌상 | 平昌 上院寺 木造文殊童子坐象 | 강원 평창군 상원사 | 조선 15세기 | |
| | 오대산 상원사는 조선 세조가 문수동자를 만나 질병을 치료했다는 전설이 내려오는 사찰. 이것이 바로 그 문수동자의 목조각상이다. 머리는 양쪽으로 묶어 올렸고 얼굴은 볼이 도톰하고 천진난만하다. 예배의 대상으로서 만들어진 국내 유일의 동자상이다. | | | |
| 백자 청화매화·대나무무늬 항아리 | 白磁 靑畵梅竹文 立壺 | 서울 관악구 호림박물관 | 조선 15세기 | |
| | 시원하고 힘이 넘치는 청화백자. 높이 29.2센티미터. 무늬를 과감하게 간략화하고 공간의 여백을 잘 살렸다. 크고 넉넉한 매화와 대나무 무늬가 백자의 분위기에 자신감과 힘을 실어준다. 새로운 국가를 세운 당시 사람들의 당당함이 드러난 것 같다. | | | |
| 경복궁 근정전 | 景福宮 勤政殿 | 서울 종로구 경복궁 | 조선 19세기 | 1권 82 |
| | 경복궁의 중심 건물로, 신하들이 임금에게 새해 인사를 드리거나 국가 의식을 거행하고 외국 사신을 맞이하던 곳. 위엄과 장중함, 절제와 견실함의 건축미가 돋보인다. 외부는 2층으로 보이지만 내부는 아래위가 트인 통층이다. 임진왜란 때 불탄 것을 고종 4년(1867)에 중건했다. | | | |
| 경복궁 경회루 | 景福宮 慶會樓 | 서울 종로구 경복궁 | 조선 19세기 | 1권 83 |
| | 나라에 경사가 있거나 사신이 왔을 때 연회를 베풀던 곳이다. 임진왜란으로 불에 타 돌기둥만 남았으나 고종 4년(1867) 경복궁을 중건하면서 경회루도 다시 지었다. 국내에서 단일 평면으로는 규모가 가장 큰 누각으로, 간결하면서도 화려하다. | | | |
| 창덕궁 인정전 | 昌德宮 仁政殿 | 서울 종로구 창덕궁 | 조선 19세기 | 1권 82 |
| | 창덕궁의 중심 건물로, 조정의 각종 의식을 거행하고 외국 사신을 접견하거나 신하들이 임금에게 새해 인사를 드리던 곳이다. 지금 건물은 순조 4년(1804)에 다시 지은 것이다. 1907년 순종이 창덕궁으로 옮긴 후 유리창과 상들리에, 커튼 등 서양식 인테리어를 추가했다. | | | |
| 창경궁 명정전 | 昌慶宮 明政殿 | 서울 종로구 창경궁 | 조선 17세기 | |
| | 창경궁의 중심 건물로, 신하들이 임금에게 새해 인사를 드리거나 국가의 큰 행사를 치르던 곳. 외국 사신을 맞이하던 장소로도 이용하였다. 임진왜란 때 불에 탄 것을 광해군 8년(1616)에 다시 지었다. 경복궁 근정전, 창덕궁 인정전에 비해 규모가 작고 소박하다. | | | |

| 명칭 | 명칭(한자) | 소재지 | 시기 | 본문 쪽수 |
|---|---|---|---|---|
| 종묘 정전 | 宗廟 正殿 | 서울 종로구 종묘 | 조선 17세기 | |
| | 조선 시대 역대 왕과 왕비에게 제사를 올리는 곳. 가로로 쫙 펼쳐진 목조 건물과 그 앞의 널찍한 월대(月臺)로 이뤄져 있다. 정전의 압권은 일체의 장식을 배제하고 엄숙과 정밀(靜謐)의 분위기를 구현했다는 점. 임진왜란 때 불탄 것을 광해군 때인 1608년 다시 지었다. | | | |
| 천상열차분야지도 각석 | 天象列次分野之圖 刻石 | 서울 종로구 경복궁 내 국립고궁박물관 | 조선 14세기 | 1권 33 |
| | 천체의 형상을 새겨 놓은 널찍한 돌이다. 태조 이성계가 1395년 조선왕조의 권위를 드러내고자 천문학자들에게 만들도록 했다. 윗부분엔 짧은 설명과 함께 별자리 그림을, 아래엔 천문도 이름, 작성 배경과 과정, 제작자와 제작 시기 등을 새겨놓았다. | | | |
| 창경궁 자격루 누기 | 昌慶宮 自擊漏 漏器 | 서울 종로구 경복궁 내 국립고궁박물관 | 조선 16세기 | 1권 41, 198-204 |
| | 자격루는 물의 일정한 흐름에 따라 일정 간격마다 시간을 알려주는 조선 시대의 최첨단 물시계였다. 조선 세종 때인 1434년 장영실이 만들었으나 중종 때인 1536년에 다시 제작해 창경궁에 설치했다. 그 자격루의 일부(물항아리, 물통)가 국립고궁박물관에 전시 중이다. | | | |
| 혼천의 및 혼천시계 | 渾天儀 및 渾天時計 | 서울 성북구 고려대 박물관 | 조선 17세기 | 1권 33, 205 |
| | 1669년 천문학자 송이영이 만든 천문시계. 혼천시계는 추의 무게로 진자를 움직여 시간을 표시하고 동시에 천체(해와 달)의 운동까지 보여주는 다용도의 시계다. 1657년 유럽에서 처음으로 시계에 진자가 도입된 지 불과 12년 만에 제작된 최첨단 시계였다. | | | |
| 전 영암 거푸집 일괄 | 傳 靈巖 鎔范一括 | 서울 동작구 숭실대 박물관 | 청동기 시대 | 기원전 3세기 |
| | 청동검, 청동거울과 같은 청동기는 청동을 녹인 물을 일정한 모양의 틀에 부어서 만든다. 그 틀을 거푸집 또는 용범(鎔范)이라고 한다. 우리나라에서는 돌로 된 거푸집이 주로 사용되었다. 이 거푸집 13점은 활석(곱돌)으로 만든 것으로, 전남 영암군에서 발굴됐다고 알려져 있다. | | | |
| 이화 개국공신녹권 | 李和 開國功臣錄券 | 전북 전주시 국립전주박물관 | 조선 14세기 | 1권 50 |
| | 개국공신록권은 나라를 세우는데 공헌한 개국공신에게 내리는 증서를 말한다. 이것은 태조 이성계가 조선 개국에 공을 세운 이화에게 1392년 내린 녹권으로, 조선 왕조에서 처음 발급한 것이다. 닥나무종이 9장을 붙여 만든 것으로 전체 길이가 604.9센티미터에 달한다. | | | |
| 산청 석남암사지 석조비로자나불좌상 | 山淸 石南巖寺址 石造毘盧遮那佛坐像 | 경남 산청군 산청군 덕산사 | 통일신라 8세기 | |
| | 우리나라 가장 오래된 석조 비로자나불상이다. 766년 통일신라의 두 승려(법승과 법연)가 세상을 떠난 사람의 원을 위해 조성한 것이다. 두 승려는 이 불상과 무구정광대다라니경을 경남 산청군에 있던 사찰 석남암사에 봉안했다. 받침부인 대좌(臺座)와 광배(光背)의 일부가 파손되었다. | | | |
| 산청 석남암사지 석조비로자나불좌상 납석사리호 | 山淸 石南巖寺址 石造毘盧遮 那佛坐像 蠟石舍利壺 | 부산 남구 부산박물관 | 통일신라 8세기 | |
| | 경남 산청 지리산 자락의 석남암사 터의 석불 받침대 안에서 발견된 곱돌(납석) 항아리다. 높이 14.5센티미터. 표면엔 죽은 자의 혼령을 위로하고 중생을 구제하길 바라는 내용, 영태 2년(신라 혜공왕 2년 766년)에 만들었다는 내용이 새겨져 있다. | | | |
| 감지은니 묘법연화경 권1~7 | 紺紙銀泥 妙法蓮華經 | 서울 용산구 국립중앙박물관 | 고려 14세기 | |
| | 푸른색 감지에 은가루로《법화경》을 옮겨 쓴 경전이다. 고려 때 이신기라는 사람이 아버지의 장수와 어머니의 명복을 빌기 위해 만들었다. 병풍처럼 펼쳐서 볼 수 있는 형태로, 접었을 때 세로 28.3센티미터, 가로 10.1센티미터이다. | | | |
| 감지금니 대방광불화엄경 보현행원품 | 紺紙金泥 大方廣佛華嚴經普賢行願品 | 서울 용산구 국립중앙박물관 | 고려 14세기 | |
| | 《보현행원품》은《화엄경》가운데 깨달음의 세계로 들어가기 위한 방법을 보현보살이 설법한 부분을 말한다. 병풍처럼 펼쳐서 볼 수 있는 형태로, 접었을 때 세로 26.4센티미터, 가로 9.6센티미터. 변상도 뒷면에 작가를 밝혀주는 기록이 있어 특히 그 가치가 높다. | | | |

| 명칭 | 명칭(한자) | 소재지 | 시기 | 본문 쪽수 |
|---|---|---|---|---|
| 경주 장항리 서 5층석탑 | 慶州 獐項里 西 五層石塔 | 경북 경주시 양북면 | 통일신라 8세기 | |
| | 경북 경주의 이름 없는 절터에 위치한 탑이다. 원래 동탑과 서탑이 있었으나 1923년 도굴에 의해 붕괴된 뒤 1932년 서탑만 복원했다. 1층 몸돌 각 면에 한 쌍의 인왕상을 정교하게 조각했다. 서탑 높이 9.1미터. 동탑은 1층 탑신과 1~5층의 옥개석(지붕돌)만 남아 있다. | | | | |
| 고산구곡시화도 병풍 | 高山九曲詩畫圖 屛風 | 서울 종로구 개인 소장 | 조선 19세기 | |
| | 율곡 이이(1536~1584)가 은거하던 황해도 고산의 아홉 경치를 1803년 시와 그림으로 표현한 12폭 병풍. 김홍도, 김득신 등 당대 화원들이 고산구곡의 풍경을 그렸고 당대 문인들이 이율곡의 〈고산구곡가〉와 송시열의 시를 써넣었다. | | | | |
| 소원화개첩 | 小苑花開帖 | 서울 종로구 개인 소장 | 조선 15세기 | 2권 17-19 |
| | 조선 세종의 셋째 아들인 안평대군(1418~1453)의 글씨. 가로 16.5센티미터, 세로 26.5센티미터의 비단에 행서체로 썼다. 웅장하고 활달한 안평대군 글씨체의 특징이 잘 나타난다. 2001년 도난당했고 아직까지 그 행방을 찾지 못하고 있다. | | | | |
| 송시열 초상 | 宋時烈 肖像 | 서울 용산구 국립중앙박물관 | 조선 17세기 | |
| | 유학자인 우암 송시열(1607~1689)은 문장과 서예에 뛰어났고 평생 주자학 연구에 몰두했던 인물. 다소 과장되게 표현된 거구의 몸체, 고집스러운 얼굴에서 송시열의 학식의 깊이와 유학자로서의 소신과 고집스러움을 엿볼 수 있다. | | | | |
| 윤두서 자화상 | 尹斗緖 自畫像 | 전남 해남군 녹우당 | 조선 17세기말~18세기초 | 2권 93-98 |
| | 조선 후기 문인이며 화가인 윤두서(1668~1715)의 자화상이다. 정면을 응시하는 부리부리한 눈매, 수염 한 올까지 사실적인 표현, 탕건 윗부분을 잘라내고 귀와 목이 없이 화면에 둥동 떠 있는 듯한 모습 등 보는 사람을 섬뜩하게 할 정도로 화가의 내면을 치밀하게 표현했다. | | | | |
| 초조본 대반야바라밀다경 권249 | 初雕本 大般若波羅蜜多經 卷二百四十九 | 서울 용산구 국립중앙박물관 | 고려 11세기 | |
| | 《대반야바라밀다경》은 줄여서 《대반야경》《반야경》이라고도 부른다. 부처님의 힘으로 거란의 침입을 극복하고자 만든 11세기 초조대장경 가운데 하나. 닥종이에 찍은 목판본으로 세로 29.1센티미터 가로 49.5~5센티미터 크기의 종이 23장 이어 붙인 두루마리 형태다. | | | | |
| 울진 봉평리 신라비 | 蔚珍 鳳坪里 新羅碑 | 경북 울진군 죽변면 | 신라 6세기 | |
| | 신라가 울진 지역으로 진출한 것을 기념하기 위해 세운 석비. 524년에 만든 것으로 추정된다. 울진 지역이 신라에 통합되고 나서 이 지역에서 발생한 이런저런 사건을 해결한 뒤 이에 관한 내용을 담고 있다. 1988년 밭을 갈던 중 우연히 발견되었다. | | | | |
| 초조본 현양성교론 권11 | 初雕本 顯揚聖敎論 卷十一 | 서울 용산구 국립중앙박물관 | 고려 11세기 | |
| | 고려 시대 최초의 대장경인 초조대장경(11세기)의 일부. 인도 무착보살이 지은 글을 7세기 당나라 현장(602~664)이 한문으로 번역하여 천자문의 순서대로 만든 것. 인간존재의 근본은 의식임을 깨닫고 수행해야 부처의 지혜를 얻을 수 있다는 내용이다. | | | | |
| 초조본 유가사지론 권17 | 初雕本 瑜伽師地論 卷十七 | 경기 용인시 명지대 박물관 | 고려 11세기 | |
| | 《유가사지론》은 인도의 미륵보살이 지은 글을 당나라의 현장이 번역하여 천자문의 순서대로 수록한 것. 11세기에 간행한 초조대장경 가운데 하나다. 지금까지 전해지는 초조대장경 가운데 보존상태가 좋은 편이다. | | | | |
| 초조본 신찬일체경원품차록 권20 | 初雕本 新纘一切經源品次錄 卷二十 | 서울 용산구 국립중앙박물관 | 고려 11세기 | |
| | 《일체경원품차록》은 중국 당나라에서 여러 불경을 대조한 뒤 그 내용을 정리해 30권으로 편찬한 책이다. 이 내용을 초조대장경 목판본으로 펴낸 것이다. 경명(經名), 번역한 사람, 총 지면수 등의 정보가 자세히 담겨 있다. | | | | |

| 명칭 | 명칭(한자) | 소재지 | 시기 | 본문 쪽수 |
|---|---|---|---|---|
| 초조본 대보적경 권59 | 初雕本 大寶積經 卷五十九 | 서울 용산구 국립중앙박물관 | 고려 11세기 | |
| | 고려 초조대장경 목판본의 하나다. 《대보적경》은 대승불교의 여러 경전을 한데 묶어 정리한 것. 보살이 여러 수행을 통해 불법을 터득하고 깨달음을 얻어 마침내 부처가 되어야 함을 강조하고 있다. | | | |
| 공주 의당 금동보살입상 | 公州 儀堂 金銅菩薩立像 | 충남 공주시 국립공주박물관 | 백제 7세기 | 2권 12-13, 21 |
| | 1974년 충남 공주시 의당면 송정리의 한 절터에서 출토됐다. 높이 25센티미터. 전체적으로 도금의 금빛이 선명하다. 넉넉하고 부드러운 얼굴 미소, 배꼽 부분에서 교차된 구슬 장식, 둥근 연꽃무늬 대좌 등으로 보아 7세기 작품으로 추정된다. 2003년 도난당한 적이 있다. | | | |
| 조선방역지도 | 朝鮮方域之圖 | 경기 과천시 국사편찬위원회 | 조선 16세기 | |
| | 조선 정부에서 제작한 지도 가운데 유일하게 남아 있는 것이다. 가로 61센티미터, 세로 132센티미터. 3단 형식으로 되어 있다. 맨 윗부분에는 '조선방역지도'라는 제목이 적혀 있고 중간에는 지도가 그려져 있으며 맨 아래엔 제작자들에 관한 정보가 기록되어 있다. | | | |
| 동궐도(1989) | 東闕圖(1989) | 서울 성북구 고려대 박물관 | 조선 19세기 | 1권 44-46 |
| 동궐도(1995) | 東闕圖(1995) | 부산 서구 동아대 석당박물관 | | |
| 경복궁 동쪽에 있는 창덕궁과 창경궁, 즉 동궐을 세밀하고 장대하게 표현한 기록화. 조선 순조 때인 1824~1830년 사이에 도화서(圖畫署) 화원들이 모두 3점을 그렸을 것으로 추정된다. 그 가운데 2점으로 고려대 소장본 동궐도(1989)은 화첩 형식, 동아대 소장본 동궐도(1995)는 병풍 형식이다. | | | | |
| 이원길 개국원종공신녹권 | 李原吉 開國原從功臣錄券 | 서울 서대문구 아단문고 | 조선 14세기 | 1권 50 |
| | 개국원종공신녹권은 조선 시대 개국 공신에게 발급한 포상 증서이다. 이것은 태조 이성계가 나라를 세우는 데 공을 세운 이원길에게 1395년 발급한 것이다. 가로 372센티미터, 세로 30.4센티미터. 닥나무 종이에 243행에 걸쳐 내용이 기록되어 있다. | | | |
| 초조본 대승아비달마잡집론 권14 | 初雕本 大乘阿毗達磨雜集論 卷十四 | 서울 서대문구 아단문고 | 고려 11세기 | |
| | 불교 경전은 크게 경(經), 율(律), 론(論)으로 나뉜다. 아비달마는 부처님의 지혜를 체계적으로 설명하고 있는 론(論) 부분을 총칭하여 이르는 말이다. 이것은 11세기에 간행한 초조대장경의 일부다. 병풍 형태로 만들었으며 접었을 때 세로 31센티미터, 가로 12.2센티미터. | | | |
| 청자 음각'효문'명 연꽃무늬 매병 | 靑磁 陰刻'孝文'銘 蓮花文 梅甁 | 서울 용산구 삼성미술관 리움 | 고려 12세기 | |
| | 유려한 곡선미, 음각 연꽃무늬가 돋보이는 고려 매병. 높이 27.7센티미터. 작고 나지막한 아가리가 달린 고려 시대의 전형적인 매병이다. 벌어진 어깨에서 부드럽게 흘러내린 몸통 선이 단정하고 균형이 잘 잡혔다. 굽바닥에 효문(孝文)이라는 제작자의 이름이 쓰여 있다. | | | |
| 청자 양각연꽃넝쿨·상감모란무늬 은테 발 | 靑磁 陽刻蓮花唐草象嵌牡丹文 銀테 鉢 | 서울 용산구 국립중앙박물관 | 고려 12세기 | |
| | 안쪽과 바깥 면에 서로 다른 기법으로 무늬를 새긴 특이한 청자 대접이다. 높이 7.7센티미터, 입지름 18.7센티미터. 안쪽엔 양각으로 연꽃과 넝쿨(唐草)무늬를 표현했고 바깥에는 상감기법으로 모란을 표현했다. 입술 테두리(아가리)엔 은테를 둘렀다. 품격이 돋보이는 고려청자 명품이다. | | | |
| 청자 음각연꽃무늬 매병 | 靑磁 陰刻蓮花文 梅甁 | 서울 서초구 개인 소장 | 고려 12세기 | |
| | 현존하는 고려청자 매병 가운데 뚜껑과 밑짝을 한 벌로 갖춘 유일한 것이다. 높이 43센티미터. 어깨에서 몸통으로 내려가는 곡선이 날렵하지 않고 간소하면서 절제된 느낌을 준다. 뚜껑과 몸통에 표현한 연꽃무늬도 간결한 필치가 돋보인다. | | | |
| 전 덕산 청동방울 일괄 | 傳 德山 靑銅鈴 一括 | 서울 용산구 국립중앙박물관 | 청동기 시대 | 기원전 3세기 |
| | 충남 예산군 흥선대원군 부친의 무덤 근처에서 출토됐다고 알려진 청동방울 7점. 8각형 별모양의 모서리 끝에 방울이 달린 팔주령 1쌍, 아령 모양의 쌍두령 1쌍, 포탄 모양의 간두령 1쌍, 조합식 쌍두령 1점이다. 청동기 시대 제사장들이 주술용으로 사용했던 것이다. | | | |

| 명칭 | 명칭(한자) | 소재지 | 시기 | 본문 쪽수 |
|---|---|---|---|---|
| 초조본 대방광불화엄경 주본 권1 | 初雕本 大方廣佛華嚴經 周本 卷一 | 경기 용인시 경기도박물관 | 고려 11세기 | |
| | 고려 11세기에 간행한 초조대장경 목판본 가운데 하나다. 닥종이에 찍은 목판본으로, 두루마리 형태로 되어 있고 크기는 세로 28.5센티미터, 가로 1223.5센티미터. 지금까지 전해오는 초조본 대방광불화엄경 중 유일한 권1이다. | | | |
| 초조본 대방광불화엄경 주본 권29 | 初雕本 大方廣佛華嚴經 周本 卷二十九 | 충북 단양군 구인사 | 고려 11세기 | |
| | 고려 11세기에 찍어낸 초조대장경 목판본 가운데 하나. 닥종이에 찍은 목판본으로, 종이를 길게 이어 붙여 두루마리처럼 말아서 보관할 수 있도록 되어 있다. 전체 크기는 세로 28.5센티미터, 가로 891센티미터. 국내 초조본대방광불화엄경 가운데 유일한 권29이다. | | | |
| 백자 청화 대나무무늬 각병 | 白磁 靑畵竹文 角甁 | 서울 용산구 삼성미술관 리움 | 조선 18세기 | |
| | 8각 모서리가 있는 독특한 모양의 청화백자. 높이 40.6센티미터. 둥근 몸통을 먼저 만든 뒤 칼로 표면을 긁어내리는 모깎기 방법으로 형태를 마무리했다. 전체적인 모양이나 푸른빛 대나무 무늬가 산뜻하고 운치 있다. 당시 선비들의 정신세계를 보여주는 듯한 명품이다. | | | |
| 분청사기 상감 구름·용무늬 항아리 | 粉靑沙器 象嵌雲龍文 立壺 | 서울 용산구 국립중앙박물관 | 조선 15세기 | |
| | 분청사기는 청자에 분을 발라 장식한 사기라는 말이다. 경북 안동 봉정사에서 전래된 것이다. 그 모양이 소박하면서도 장중하다. 항아리 윗부분을 구획한 것이나 몸통 한복판에 네 발 달린 용과 구름을 표현한 것에서 자유분방함이 잘 드러난다. 높이 49.7센티미터. | | | |
| 분청사기 박지·철채 모란무늬 자라병 | 粉靑沙器 剝地鐵彩牡丹文 扁甁 | 서울 용산구 국립중앙박물관 | 조선 15세기 | |
| | 그 모습이 자라같이 생겼다고 해서 자라병이라고 부른다. 높이 9.4센티미터, 지름 24.1센티미터. 표면의 일정한 면을 긁어내 무늬를 나타내는 것을 박지기법이라고 하는데 이 기법으로 모란을 표현했다. 검은색 안료와 흰색의 조화가 돋보이며 분청사기 특유의 활달함도 잘 드러났다. | | | |
| 백자 항아리 | 白磁 壺 | 서울 용산구 삼성미술관 리움 | 조선 15세기 | |
| | 15세기 조선 백자 가운데 가장 뛰어난 것으로 꼽히는 명품. 큰 것(높이 34센티미터)과 작은 것(높이 12.5센티미터)이 세트처럼 있다. 보얀 유백색에서 품격이 전해오고 적당한 볼륨감에서 은근한 힘이 넘친다. 연꽃봉오리 모양 꼭지가 달린 뚜껑도 모두 아름답다. | | | |
| 백자 달항아리(1991) | 白磁 壺(1991) | 경기 용인시 용인대 박물관 | 조선 18세기 | 1권 132-134 |
| | 온화한 백색과 유려한 곡선, 넉넉하고 꾸밈없는 형태를 두루 갖춘 조선 후기 백자의 걸작. 높이 49센티미터. 맏며느리의 넉넉함 같기도 하고 달덩어리 같기도 하고, 소박한 우리에 심성을 그대로 반영한 작품이다. | | | |
| 백자 청화 산수·꽃·새무늬 항아리 | 白磁 靑畵山水花鳥文 立壺 | 경기 용인시 용인대 박물관 | 조선 18세기 | |
| | 높이 54.8센티미터에 이르는 대형 청화백자 항아리다. 양감이 풍부하고 아랫부분이 좁아서 보기에 좋다. 4개의 반원을 연결해 마름모 형태의 창을 4개 그려놓고 그 안에 산수 풍경과 꽃, 새 등을 교대로 그려 넣었다. 몸통 아래쪽은 시원하게 비워놓았다. | | | |
| 포항 냉수리 신라비 | 浦項 冷水里 新羅碑 | 경북 포항시 북구 | 신라 6세기 | |
| | 1989년 경북 포항시의 냉수리 마을에서 주민이 밭을 갈다 우연히 발견한 신라 석비다. 앞면 뒷면 윗면에 231자의 글자가 새겨져 있다. 한 인물의 재산 소유와 유산상속(재산 분배)에 관한 내용이다. 지증왕 4년(503)에 건립된 것으로 보인다. | | | |
| 초조본 대방광불화엄경 주본 권13 | 初雕本 大方廣佛華嚴經 周本 卷十三 | 서울 종로구 삼성출판박물관 | 고려 11세기 | |
| | 고려 현종 때 거란의 침입을 극복하고자 만든 초조대장경 가운데 하나다. 닥종이에 찍은 목판본으로, 두루마리처럼 말아서 보관할 수 있다. 세로 28.5센티미터, 가로 46.3센티미터 크기의 경문 24장이 연결되어 있다. | | | |

| 명칭 | 명칭(한자) | 소재지 | 시기 | 본문 쪽수 |
|---|---|---|---|---|
| 초조본 대방광불화엄경 주본 권2,75 | 初雕本 大方廣佛華嚴經 周本 卷二, 七十五 | 서울 관악구 호림박물관 | 고려 12세기 | |
| | 고려 초조대장경 목판본 가운데 하나. 닥종이에 찍은 목판본으로 종이를 이어 붙여 두루마리처럼 만들었다. 권2는 세로 28.7센티미터, 가로 46.5센티미터이고 권 75는 세로 29.8센티미터, 가로 46.1센티미터다. | | | |
| 초조본 아비달마식신족론 권12 | 初雕本 阿毗達磨識身足論 卷十二 | 서울 관악구 호림박물관 | 고려 12세기 | |
| | 고려 때 간행했던 초조대장경 가운데 하나. 《아비달마》는 부처님의 지혜를 설명한 불교 경전이다. 닥종이에 찍은 목판본으로 두루마리 형태로 만들었다. 세로 29.5센티미터, 가로 46.5센티미터 크기의 경문 26장을 이어 붙였다. | | | |
| 초조본 아비담비바사론 권11, 17 | 初雕本 阿毗曇毗婆沙論 卷十一, 十七 | 서울 관악구 호림박물관 | 고려 12세기 | |
| | 고려 초조대장경 가운데 하나. 《아비담비파사론》은 성불(成佛)하는데 필요한 부처님의 지혜를 체계적으로 모아 설명한 부분이다. 권 11은 세로 28.9센티미터, 가로 47.8센티미터의 종이를 46장 이어 붙였고, 권17은 세로 29.7센티미터, 가로 47.4센티미터의 종이를 37장 이어 붙였다. | | | |
| 초조본 불설최상근본 대락금강불공삼매대 교왕경 권6 | 初雕本 佛說最上根本大樂金剛 不空三昧大敎王經 卷六 | 서울 관악구 호림박물관 | 고려 12세기 | |
| | 고려 초조대장경 가운데 하나. 부처님이 금강수보살에게 삼매를 설명하는 내용이다. 닥종이에 찍은 목판본이며 두루마리 형태로 되어 있다. 세로 29.8센티미터, 가로 47.1센티미터 크기의 종이를 24장 연결하였다. | | | |
| 청자 모자원숭이모양 연적 | 靑磁 母子猿形 硯滴 | 서울 성북구 간송미술관 | 고려 12세기 | 1권 120-121 |
| | 어미와 새끼 원숭이의 모양으로 만든 고려청자. 12세기엔 동물 모양의 청자를 많이 만들었다. 새끼를 바라보는 어미 원숭이의 사랑스러운 눈길, 어미의 볼을 만지고 있는 새끼 원숭이의 귀여운 행동이 보는 이에게 감동을 준다. 높이 9.8센티미터. | | | |
| 초조본 현양성교론 권12 | 初雕本 顯揚聖敎論 卷十二 | 서울 용산구 국립중앙박물관 | 고려 11세기 | |
| | 《현양성교론》은 불교 경전 《유가사지론》에서 중요한 내용을 정리한 책으로, 인도 무착보살이 지은 글을 당나라 현장이 번역한 것이다. 고려 초조대장경 목판본의 하나로, 크기는 가로 45.8센티미터, 세로 28.6센티미터. | | | |
| 초조본 유가사지론 권32, 15 | 初雕本 瑜伽師地論 卷三十二, 卷十五 | 서울 용산구 국립중앙박물관 | 고려 11세기 | |
| 초조본 유가사지론 권53 | 初雕本 瑜伽師地論 卷五十三 | 인천 연수구 가천박물관 | 고려 11세기 | |
| | 《유가사지론》은 인도의 미륵보살이 짓고 당나라의 현장이 번역하여 천자문의 순서대로 100권을 수록한 것. 11세기에 간행한 초조대장경 목판본 가운데 하나다. 닥나무 종이에 찍었으며 두루마리 형태로 되어 있다. | | | |
| 도기 기마인물형 뿔잔 | 陶器 騎馬人物形 角杯 | 경북 경주시 국립경주박물관 | 가야 5세기 | 1권 58-60, 2권 147-148 |
| | 말 탄 사람 모습의 토기. 죽은 자가 말을 타고 편하게 저승에 가길 기원하는 의미에서 무덤에 매장했던 것이다. 나팔모양의 받침 위에 직사각형의 편평한 판을 설치하고, 그 위에 말 탄 무사를 올려놓았다. 높이 23.2센티미터. | | | |
| 초조본 대방광불화엄경 주본 권36 | 初雕本 大方廣佛華嚴經 周本 卷三十六 | 강원 원주시 한솔뮤지엄 | 고려 11세기 | |
| 초조본 대방광불화엄경 주본 권74 | 初雕本 大方廣佛華嚴經 周本 卷七十四 | 충북 단양군 대한불교천태종 불교천태중앙박물관 | | |
| | 고려 현종 때 부처님의 힘으로 거란의 침입을 극복하고자 만든 초조대장경 가운데 하나. 당나라 실차난타(實叉難陀)가 번역한 《화엄경》 주본 80권 가운데 하나다. 닥종이를 길게 이어 붙여서 두루마리 형태로 만들었다. | | | |

| 명칭 | 명칭(한자) | 소재지 | 시기 | 본문 쪽수 |
|---|---|---|---|---|
| 성거산 천흥사명 동종 | 聖居山 天興寺銘 銅鍾 | 서울 용산구 국립중앙박물관 | 고려 11세기 | |
| | 고려 시대 종 가운데 가장 큰 것이다. 높이 1.33미터, 종 입구 0.96미터. 전체적으로 조형미가 뛰어나다. 몸통 한가운데에 위패형의 틀을 설치하고 거기에 '1010년에 주조했고 성거산 천흥사에 설치했다'는 내용을 새겼다. | | | |
| 백자 병모양 주전자 | 白磁 瓶形 注子 | 서울 관악구 호림박물관 | 조선 15세기 | |
| | 조선백자 가운데 병 모양의 주전자로는 유일한 작품이다. 뚜껑을 포함한 전체 높이는 32.9센티미터. 풍만하면서도 단정한 몸체, 유려하고 세련된 몸통 선이 아름답다. 손잡이와 입구의 색이 몸체의 색과 다른데, 따로 만들어 붙인 것이다. | | | |
| 영주 흑석사 목조아미타여래좌상 및 복장유물 | 榮州 黑石寺 木造阿彌陀如來 坐像 및 腹藏遺物 | 경북 영주시, 대구 수성구 국립대구박물관 | 조선 15세기 | 1권 43 |
| | 영주 흑석사 대웅전에 있는 조선 시대 목조아미타불(1458년 조성)과 그 몸체 안에서 발견된 복장유물이다. 복장유물로는 불상 조성 배경과 시주자 명단을 기록한 글, 다양한 직물, 진주와 호박 등이 발견됐다. 복장유물은 국립대구박물관이 소장하고 있다. | | | |
| 통감속편 | 通鑑續編 | 경기 성남시 한국학중앙연구원 | 조선 15세기 | |
| | 《통감속편》은 원나라 말~명나라 초 중국의 진경(陳樫)이 편찬한 역사서이다. 이 책은 그 통감속편을 조선 세종 때인 1422년에 금속활자로 찍어낸 것이다. 단종이 세자 시절 공부했던 책이다. | | | |
| 초조본 대반야바라밀다경 권162, 170, 463 | 初雕本 大般若波羅蜜多經 卷一百六十二, 一七十, 四百六十三 | 서울 강남구 코리아나화장박물관 | 고려 11세기 | |
| | 《대반야바라밀다경》은 흔히 《반야심경》이라고 한다. 이것은 고려 1046년에 허진수가 국왕과 국가의 평화를 기원하고 어머니의 무병장수와 돌아가신 아버지의 명복을 빌기 위해 간행한 것이다. 모두 고려 초조대장경 목판본으로, 닥종이에 찍었다. | | | |
| 울주 대곡리 반구대 암각화 | 蔚州 大谷里 盤龜臺 岩刻畫 | 울산 울주군 언양읍 | 신석기~청동기시대 | 1권 142 |
| | 선사 시대 사람들의 일상생활을 보여주는 바위 그림. 크기는 높이 3미터, 너비 10미터. 춤을 추는 남자, 고래잡는 사람, 함정에 빠진 호랑이, 작살이 꽂혀 있는 고래, 물을 뿜고 있는 고래 등 당시 일상을 사실적이면서 익살스럽게 표현했다. | | | |
| 백자 '천' '지' '현' '황'명 사발 | 白磁 '天''地''玄''黃銘 鉢 | 서울 용산구 삼성미술관 리움 | 조선 15세기 | |
| | 조선 전기 왕실용을 제작되었던 백자 사발 4점이다. 굽의 안쪽에 각각 天(천) 地(지) 玄(현) 黃(황)이 쓰여있는데, 왕실용품을 보관하던 창고의 이름일 것으로 추정하기도 한다. 고른 유약, 순백의 색깔, 단정한 굽 등 전체적으로 깨끗하고 담백하다. | | | |
| 백제 금동대향로 | 百濟 金銅大香爐 | 충남 부여군 국립부여박물관 | 백제 6~7세기 | |
| | 부여의 능산리 고분군 근처의 절터에서 1993년 출토된 백제 향로. 높이 64센티미터. 다리 하나를 치켜든 용, 연꽃봉오리 모양의 몸체, 신선들이 사는 박산(博山)과 봉황 등 조형미와 조각 수법이 탁월한 고대 금속공예의 명품이다. 백제인의 철학적 사유까지 엿볼 수 있다. | | | |
| 부여 능산리사지 석조사리감 | 扶餘 陵山里寺址 石造舍利龕 | 충남 부여군 국립부여박물관 | 백제 6세기 | |
| | 부여 능산리 절터에서 출토된 석조 사리감. 높이 74센티미터. 커다란 돌을 위쪽은 둥글게 아래쪽은 사각으로 다듬고 내부를 파낸 뒤 사리장치를 올려놓고 문을 설치했던 것으로 보인다. '창왕(위덕왕의 원래 이름) 13년'이라는 명문이 있어 567년에 만들어졌음을 알 수 있다. | | | |
| 익산 왕궁리 5층석탑 | 益山 王宮里 五層石塔 | 전북 익산시 왕궁면 | 통일신라말~ 고려 10세기경 | 1권 40-43 |
| | 부여 정림사지 5층석탑(국보)의 형식을 계승한 백제계 석탑. 높이 8.5미터. 전체적으로 정림사지 석탑과 비슷하면서도 좀 더 우직하고 힘이 있어 보인다. 1층 옥개석(지붕돌)이 기단보다 더 넓은데 이는 한국 석탑에서 매우 이례적인 경우다. | | | |

| 명칭 | 명칭(한자) | 소재지 | 시기 | 본문 쪽수 |
|---|---|---|---|---|
| 양산 통도사 대웅전 및 금강계단 | 梁山 通度寺 大雄殿 및 金剛戒壇 | 경남 양산시 통도사 | 조선 17세기 | |
| | 사찰에서 대웅전은 일반적으로 석가모니 불상을 모신다. 그러나 통도사 대웅전은 내부에 석가모니 불상을 모시지 않고 대신 건물 뒷면에 금강계단(金剛戒壇)을 설치하여 석가모니 진신사리를 모시고 있다. 대웅전은 1645년에 지었고 위에서 보았을 때 T자형이다. 여러모로 특이하고 의미 있는 불교 건축물이다. | | | |
| 용감수경 권3, 4 | 龍龕手鏡 卷三, 四 | 서울 성북구 고려대 중앙도서관 | 고려 11세기 | |
| | 《용감수경》은 997년 중국 요나라에서 편찬한 한자의 자전(字典)이다. 이 책은 그 자전을 고려 11세기에 다시 찍어낸 것이다. 그때까지 나온 중국의 자전과 달리 부수별로 먼저 배열하고 정자(正字) 이외의 속자(俗字)까지도 전부 망라하여 해설을 붙였다. | | | |
| 평창 상원사 중창권선문 | 平昌 上院寺 重創勸善文 | 강원 평창군 월정사 성보박물관 | 조선 15세기 | |
| | 1464년 오대산 상원사를 새롭게 단장하면서 이를 축하하고 기념하기 위해 세조의 왕사(王師)인 신미대사와 세조가 각각 작성한 권선문(勸善文)이다. 활자로 인쇄한 것이 아니라 직접 쓴 필사본으로, 한글본과 한문본이 있다. 한글본은 훈민정음으로 쓴 최초의 문건이다. | | | |
| 부여 규암리 금동관음보살입상 | 扶餘 窺岩里 金銅觀音菩薩立像 | 충남 부여군 국립부여박물관 | 백제 7세기 | |
| | 부여군 규암면의 절터에 묻혀 있던 무쇠솥에서 1970년 발견되었다. 머리에는 작은 부처가 새겨진 관(冠)을 쓰고 있으며, 크고 둥근 얼굴은 부드러운 미소를 띠고 있다. 자연스러운 미소, 신체의 비례 등을 통해 7세기 초 백제 불상임을 알 수 있다. | | | |
| 백자 청화·철채·동채 풀·벌레무늬 병 | 白磁 靑畫鐵彩銅彩草蟲文 甁 | 서울 성북구 간송미술관 | 조선 18세기 | |
| | 붉은색 안료인 진사(辰砂), 검은색 안료인 철사, 푸른색 안료인 청화를 함께 곁들여 양각으로 장식한 백자다. 조선백자 가운데 이렇게 다양한 무늬표현 기법이 사용된 경우는 이것이 유일하다. 높이 42.3센티미터. 세 가지 색깔의 국화가 절묘한 조화를 이룬다. | | | |
| 나주 신촌리 금동관 | 羅州 新村里 金銅冠 | 전남 나주시 국립나주박물관 | 백제 5, 6세기 | |
| | 전남 나주시 반남면 신촌리 9호 무덤에서 발견된 높이 25.5센티미터의 금동관이다. 외관과 내관으로 이뤄져 있다. 현지의 토착세력에 의해 제작된 것인지, 백제 중앙권력으로부터 하사받은 것인지 불분명하다. | | | |
| 칠장사 오불회 괘불탱 | 七長寺 五佛會 掛佛幀 | 경기 안성시 칠장사 | 조선 17세기 | |
| | 괘불은 절에서 큰 법회나 의식을 행하기 위해 법당 앞뜰에 걸어놓고 예배를 드리는 대형 그림이다. 이것은 도솔천궁을 묘사한 괘불로 길이 6.56미터, 폭 4.04미터. 인조 때인 1628년 법형(法浻)이 그렸으며 괘불함 없이 종이에 싸서 대웅전에 보관하고 있다. | | | |
| 안심사 영산회 괘불탱 | 安心寺 靈山會 掛佛幀 | 충북 청주시 안심사 | 조선 17세기 | |
| | 석가가 영취산에서 설법하는 영산회의 모습을 그린 괘불. 길이 7.26미터, 폭 4.72미터. 석가불을 중심으로 문수보살과 보현보살 등 설법을 듣기 위해 모여든 무리와 석가를 호위하는 사천왕상을 대칭으로 배치했다. 효종 때인 1652년에 그린 것이다. | | | |
| 갑사 삼신불 괘불탱 | 甲寺 三身佛 掛佛幀 | 충남 공주시 갑사 | 조선 17세기 | |
| | 삼신불(비로자나불, 석가모니불, 노사나불)이 진리를 설법하고 있는 모습을 그린 괘불. 효종 때인 1650년 작으로 길이 12.47미터, 폭 9.48미터. 상중하 3단에서 중간의 삼신불을 크게 강조한 것이 독특하다. 괘불 조성시 물품을 시주했던 사람의 이름도 적혀 있다. | | | |
| 신원사 노사나불 괘불탱 | 新元寺 盧舍那佛 掛佛幀 | 충남 공주시 신원사 | 조선 17세기 | |
| | 비로자나불을 대신하여 노사나불이 영취산에서 설법하는 장면인 영산회상을 그린 괘불이다. 1644년에 제작된 이 작품은 짜임새 있는 구도, 섬세한 표현, 밝은 색조 등 전체적으로 작품성이 뛰어나 17세기 대표적 괘불로 꼽힌다. 길이 11.18미터, 폭 6.88미터. | | | |

| 명칭 | 명칭(한자) | 소재지 | 시기 | 본문 쪽수 |
|---|---|---|---|---|
| 장곡사 미륵불 괘불탱 | 長谷寺 彌勒佛 掛佛幀 | 충남 청양군 장곡사 | 조선 17세기 | |
| | 용화수 가지를 들고 있는 미륵불을 그린 괘불로 가로 5.99미터, 세로 8.69미터다. 미륵불을 화면 중앙에 두고 6대 여래, 6대 보살 등 여러 인물로 화면을 가득 채웠다. 조선 현종 14년(1673)에 5명의 승려화가가 왕과 왕비, 세자의 만수무강을 기원하기 위해 그린 것이다. | | | |
| 화엄사 영산회 괘불탱 | 華嚴寺 靈山會 掛佛幀 | 전남 구례군 화엄사 | 조선 17세기 | |
| | 석가가 영취산에서 설법하는 영산회 모습을 그린 괘불. 효종 때인 1653에 제작됐으며 길이 11.95미터, 폭 7.76미터다. 석가불 좌우로 문수보살, 보현보살이 있고 사천왕은 화면의 네 귀퉁이를 지키고 있다. 늘씬한 인물 신체, 선명하고 다양한 색채, 화려한 꽃장식이 돋보인다. | | | |
| 청곡사 영산회 괘불탱 | 靑谷寺 靈山會 掛佛幀 | 경남 진주시 청곡사 | 조선 18세기 | |
| | 석가가 설법하는 장면인 영산회를 그린 괘불이다. 길이 10.4미터, 폭 6.4미터. 본존불인 석가를 중심으로 양옆에 문수보살과 보현보살이 배치되어 있다. 조선 경종 때인 1722년에 승려 화가인 의겸(義謙) 등이 제작했다. | | | |
| 승정원일기 | 承政院日記 | 서울 관악구 서울대 규장각 한국학연구원 | 조선 17~20세기 | |
| | 정치 사회 외교 군사문화 등 승정원에서 처리한 각종 국정의 내용을 기록한 책. 승정원은 조선 시대 국왕의 비서실이었다. 세종 때부터 작성했으나 임진왜란 때 불타고 인조 때인 1623년 3월부터 1910년 8월까지의 기록이 전해온다. | | | |
| 여수 진남관 | 麗水 鎭南館 | 전남 여수시 군자동 | 조선 18세기 | |
| | 전라좌수영은 임진왜란과 정유재란을 승리로 이끈 조선 수군 중심기지였다. 진남관은 전라좌수영이 개사였다. 지금 건물은 숙종 때인 1718년에 다시 지은 것이다. 정면 15칸, 측면 5칸, 면적 240평으로, 현존하는 지방관아 건물로서는 최대 규모이며 장중함이 돋보인다. | | | |
| 통영 세병관 | 統營 洗兵館 | 경남 통영시 문화동 | 조선 17세기 | |
| | 선조 때인 1604년 지은 목조 단층 건물로 당당한 위용을 자랑한다. 17세기부터 19세기까지 약 290년 동안 3도(충청 전라 경상)의 수군을 총지휘한 통제영의 중심 공간이었다. 경복궁 경회루(국보), 여수 진남관(국보)과 함께 가장 규모가 큰 전통 목조 건축물로 꼽힌다. | | | |
| 삼국유사 권3~5 | 三國遺事 卷三~五 | 서울 종로구 개인 소장 | | |
| 삼국유사 | 三國遺事 | 서울 관악구 서울대 규장각 한국학연구원 | 조선 14세기, 16세기 | 1권 45 |
| 삼국유사 권1, 2 | 三國遺事 卷一, 二 | 서울 서대문구 연세대 박물관 | | |
| 삼국유사 권4, 5 | 三國遺事 卷四, 五 | 부산 금정구 범어사 | | |
| 《삼국유사》는 고려의 승려 일연(一然, 1206~1289)이 1281년에 편찬한 역사서다. 개인 소장본(권3~5)은 14세기 말에 간행된 것으로, 현존《삼국유사》중 가장 오래된 것이다. 규장각 소장본(완질)은 1512년 경주부윤(慶州府尹) 이계복이 간행한 목판본으로, 전체 내용이 모두 들어 있다. 연세대 소장본(권1, 2)은 조선 초에 간행되었고, 범어사 소장본(권 4,5)은 1394년에 간행되었다. | | | | |
| 태안 동문리 마애삼존불입상 | 泰安 東門里 磨崖三尊佛立像 | 충남 태안군 태안읍 동문리 | 백제 6세기말~7세기초 | 1권 64 |
| | 우리나라에서 가장 오래된 마애불이다. 서산 용현리 마애여래삼존상(국보)과 비슷한 시기이지만 양식상으로 다소 앞선다는 것이 대체적인 견해다. 가운데에 작은 보살상을 두고 그 양 옆에 커다란 불상을 배치한 것이 독특하다. | | | |
| 해남 대흥사 북미륵암 마애여래좌상 | 海南 大興寺 北彌勒庵 磨崖如來坐像 | 전남 해남군 대흥사 | 고려 10세기 | |
| | 대흥사 북미륵암의 바위에 새긴 마애불이다. 본존불인 여래좌상 좌우에 공양하는 비천상을 배치했다. 전체적으로 조각 수법이 우수한데 특히 비천상의 표현이 매우 뛰어나다. 고려 마애불 가운데 수작으로 평가받는다. | | | |

| 명칭 | 명칭(한자) | 소재지 | 시기 | 본문 쪽수 |
|---|---|---|---|---|
| 백자 달항아리 (2007-1) | 白磁 壺(2007-1) | 서울 용산구 삼성미술관 리움 | 조선 18세기 | 1권 133 |
| | 넉넉함과 풍요로움을 보여주는 조선 시대 백자 달항아리의 대표작. 높이 44센티미터. 달항아리는 대형 자기이기 때문에 위와 아래를 따로 만들어 붙인다. 이 달항아리는 몸통을 이어붙인 부분에 일그러짐이 거의 없이 완전한 원을 그리고 있다. | | | |
| 백자 달항아리 (2007-2) | 白磁 壺(2007-2) | 서울 종로구 경복궁 내 국립고궁박물관 | 조선 18세기 | 1권 133 |
| | 위와 아래를 따로 만들어 붙인 몸통의 가운데 부분이 약간 기울었다. 일부러 매끈하게 다듬지 않고 비틀린 모습을 그대로 두었다. 그 덕분에 자연스러운 인간미를 잘 구현했다. 백자 달항아리의 중요한 매력 가운데 하나다. 높이 43.8센티미터. | | | |
| 안동 봉정사 대웅전 | 安東 鳳停寺 大雄殿 | 경북 안동시 봉정사 | 조선 15세기 | |
| | 봉정사의 중심 법당이다. 1962년 해체 수리할 때 발견된 기록으로 미루어, 조선 전기 건물로 추정된다. 건물이 전체적으로 건실하고 힘이 넘치며 조선 전기 건축양식을 잘 보여준다. 앞쪽에 툇마루를 설치한 것이 특이하다. 봉정사엔 고려 시대 건축물인 극락전도 있다. | | | |
| 경주 남산 칠불암 마애불상군 | 慶州 南山 七佛庵 磨崖佛像群 | 경북 경주시 남산 | 통일신라 8세기 | |
| | 경주 남산에 있는 두 개의 바위에 사방불(四方佛)과 삼존불(三尊佛) 등 모두 7개의 불상이 조각되어 있어 칠불암이라 부른다. 삼존불 가운데 중앙의 본존불은 화려한 연꽃 위에 앉아 얼굴 가득 미소를 머금고 있다. 전체적으로 부드럽고 조각 수법이 뛰어나다. | | | |
| 강진 무위사 극락전 아미타여래삼존벽화 | 康津 無爲寺 極樂殿 阿彌陀如來三尊壁畵 | 전남 강진군 무위사 | 조선 15세기 | |
| | 아미타극락회(아미타불의 가르침을 받는 자리)의 모습을 표현한 벽화. 무위사 극락전에 그려져 있다. 가운데 아미타불이 앉아 있고 좌우로 관음보살, 지장보살이 서 있다. 화면 위쪽엔 구름을 배경으로 좌우로 나한상들을 배치했다. 1476년에 제작했다. | | | |
| 순천 송광사 화엄경 변상도 | 順天 松廣寺 華嚴經變相圖 | 전남 순천시 송광사 | 조선 18세기 | |
| | 《화엄경》의 설법 내용을 그림으로 표현한 변상도다. 상단과 하단에 걸쳐 법회 장면이 대칭을 이루며 펼쳐진다. 짜임새 있는 구도와 화려한 색상이 돋보이는 작품으로, 1770년에 12명의 승려 화가들이 무등산 안심사에서 제작한 뒤 송광사로 옮긴 것이다. | | | |
| 문경 봉암사 지증대사탑비 | 聞慶 鳳巖寺 智證大師塔碑 | 경북 문경시 봉암사 | 통일신라 10세기 | |
| | 924년에 세운 승려 지증대사의 탑비. 최치원이 문장을 짓고 승려 혜강이 글씨를 쓰고 새겼다. 특히 통일신라의 인명, 지명, 관명, 사찰명, 제도, 풍속 등 많은 정보가 들어 있다. 사찰에 대한 후원과 토지 기증에 관한 내용이 특히 흥미롭다. | | | |
| 완주 화암사 극락전 | 完州 花巖寺 極樂殿 | 전북 완주군 화암사 | 조선 17세기 | |
| | 국내 유일의 하앙식(下昂式) 목조 건축물로, 역사적·학술적·건축적 가치가 크다. 하앙식이란 처마 무게를 받치는 건축 부재를 하나 더 설치해 보통의 건축물보다 처마를 더 길게 낼 수 있도록 한 것이다. 정유재란 때 피해를 입은 뒤 선조 38년(1605)에 중건했다. | | | |
| 조선 태조어진 | 朝鮮太祖御眞 | 전북 전주시 어진박물관 | 조선 19세기 | |
| | 태조 이성계 초상화는 원래 26점이 있었으나 지금은 이 작품 하나만 전해온다. 고종 9년(1872)에 낡은 원본을 그대로 옮겨 그린 것이다. 조중묵이라는 화가가 작업에 참여했다. 익선관과 곤룡포를 착용하고 정면을 바라보는 모습에서 위엄이 전해온다. 218×150센티미터. | | | |
| 포항 중성리 신라비 | 浦項 中城里 新羅碑 | 경북 경주시 국립경주문화재연구소 | 신라 6세기 | |
| | 현재까지 전해오는 신라의 석비 가운데 가장 오래된 것이다. 2009년 경북 포항시 도로공사 현장에서 발견되었다. 화강암 표면에 203자의 글자가 음각으로 새겨져 있는데, 신라의 정치 사회 법률 생활문화 등에 관한 내용이 담겨 있다. 501년에 제작한 것으로 보인다. | | | |

| 명칭 | 명칭(한자) | 소재지 | 시기 | 본문 쪽수 |
|---|---|---|---|---|
| 동의보감(2015-1) | 東醫寶鑑(2015-1) | 서울 서초구 국립중앙도서관 | | |
| 동의보감(2015-2) | 東醫寶鑑(2015-2) | 경기 성남시 한국학중앙연구원 | 조선 17세기 | |
| 동의보감(2015-3) | 東醫寶鑑(2015-3) | 서울 관악구 서울대 규장각 | | |
| | 조선 시대 명의인 허준(許浚, 1539~1615)이 1610년 편찬한 백과사전식 의학서. 우리의 전통 의학서 가운데 최고로 꼽힌다. 각 병마다 체계적으로 처방을 담았으며, 내의원에서 목활자로 간행하였다. 국립중앙도서관 소장본《동의보감》(2015-1)과 한국학중앙연구원 소장본《동의보감》(2015-2)은 동일한 판본으로, 전체 내용을 모두 갖추고 있으며 보존 상태도 좋다. | | | |
| 월인천강지곡 권상 | 月印千江之曲 卷上 | 경기 성남시 한국학중앙연구원 | 조선 15세기 | |
| | 《월인천강지곡》은 세종이 부인 소헌왕후의 명복을 빌기 위해 1447년 직접 지은 찬불가이다. '부처가 교화를 베푸는 것이 마치 달이 즈믄 강에 비치는 것과 같다'는 의미를 담고 있다. 소유자는 미래엔 출판사이지만 한국학중앙연구원이 소장 관리하고 있다. | | | |
| 문경 대승사 목각아미타여래설법상 | 聞慶 大乘寺 木刻阿彌陀如來說法像 | 경북 문경시 대승사 | 조선 17세기 | |
| | 후불탱화(불상 뒤에 거는 불화) 형식을 조각으로 표현한 목각탱이다. 총 10매의 나무판을 조합하여 아미타극락세계를 표현하였다. 화면의 중앙에 자리 잡은 본존 아미타여래를 중심으로 주변에 보살, 제자, 천왕상 등을 좌우대칭으로 배치했다. 불화와 조각을 절묘하게 접목한 작품으로, 1675년 제작되었다. | | | |
| 삼국사기(2018-1) | 三國史記(2018-1) | 경북 경주시 옥산서원 | 조선 18세기 | |
| | 《삼국사기》는 김부식(金富軾, 1075~1151)이 1145년에 편찬한 삼국 시대의 역사서로,《삼국유사》와 함께 삼국 시대 연구의 기본 사료다. 이것은 1573년 경주 지역에서 목판을 인쇄하여 옥산서원에 보내준 것이다.《삼국사기》내용 전체가 모두 포함되었으며 인쇄 및 보존상태가 좋다. | | | |
| 삼국사기(2018-2) | 三國史記(2018-2) | 서울 중구 개인 소장 | 조선 16세기 | |
| | 이《삼국사기》는 1512년에 인쇄해 찍어낸 것이다. 인쇄해서 찍어낼 당시의 원형을 거의 그대로 유지하고 있으며 손실된 부분 없이 전체 내용이 모두 포함되어 있다. | | | |
| 논산 관촉사 석조미륵보살입상 | 論山 灌燭寺 石造彌勒菩薩立像 | 충남 논산시 관촉사 | 고려 10세기 | |
| | 우리나라 최대 규모의 석불이다. 고려 광종(재위 949~975)의 명에 따라 968년경 승려 조각장인 혜명(慧明)이 제작했다. 보살상은 좌우로 빗은 머릿결 위로 높은 원통형 보관(寶冠)을 썼고 두 손으로 청동 꽃을 들고 있다. 균형 잡히고 우아한 미를 보여주던 통일신라 불상과 달리 독창적이고 파격적인 불상으로 평가받는다. | | | |
| 이제 개국공신교서 | 李濟 開國功臣敎書 | 경남 진주시 국립진주박물관 | 조선 14세기 | |
| | 1392년에 태조 이성계가 조선 개국 1등공신 이제(李濟)에게 내린 공신교서이다. 이성계의 사위였던 이제는 조선 개국에 큰 공헌을 했다. 공신교서에는 이제가 조선 창업에 공을 세운 과정, 가문과 친인척에 내린 포상 내용이 기록되어 있다. | | | |
| 기사계첩 | 耆社契帖 | 서울 용산구 국립중앙박물관 | 조선 18세기 | |
| | 1719년 숙종은 기로소(耆老所)에 들어갔고 그것을 축하하는 행사가 열렸는데 이를 기념해 1720년에 만든 첩 형태의 책자다. 기로소는 관직에서 물러난 70세 이상 문신들을 예우하기 위해 설치한 관청이다. 숙종이 지은 글(어제, 御製), 서문과 발문, 행사 장면을 그린 그림, 참여한 문신들의 초상화와 축시 등이 들어 있다. | | | |
| 청자 '순화4년'명 항아리 | 靑磁 '淳化四年'銘 壺 | 서울 서대문구 이화여대 박물관 | 고려 10세기 | |
| | 우리나라에서 가장 오래된 청자의 하나다. 항아리의 아래 굽바닥에는 제작 시기와 제작자에 관한 내용이 새겨져 있다. 이에 따르면 993년에 최길회라는 장인이 태조 왕건의 제사용 그릇으로 만든 것이다. 초창기 청자라서 표면 색깔이 누렇다. | | | |

| 명칭 | 명칭(한자) | 소재지 | 시기 | 본문 쪽수 |
|---|---|---|---|---|
| 부여 왕흥사지 출토 사리기 | 扶餘 王興寺址 出土 舍利器 | 충남 부여군 국립부여문화재연구소 | 백제 6세기 | |
| | 국립부여문화재연구소가 2007년 부여 왕흥사지에서 발굴한 유물로, 현존하는 사리기 가운데 가장 오래된 것이다. 청동 사리합에 577년(위덕왕 24)에 제작했다는 내용이 새겨져 있다. 전체적인 형태와 제작 기법 등에서 뛰어난 완성도를 보여준다. | | | |
| 예천 용문사 대장전과 윤장대 | 醴泉 龍門寺 大藏殿과 輪藏臺 | 경북 예천군 용문사 | 고려 12세기 | |
| | 대장전은 불교 경전을 보관하는 건물이고 윤장대는 경전을 보관하는 회전식 경장(經藏, 경전 책장)이다. 용문사 대장전은 윤장대를 보관하고 있는 국내 유일의 경전 건물로, 1173년 조성되었다. 대정전 안에 윤장대는 한 쌍이 있는데 이것도 국내에서 유일한 경우다. | | | |
| 공주 충청감영 측우기 | 公州 忠淸監營 測雨器 | 서울 종로구 국립기상박물관 | 조선 19세기 | |
| | 조선의 과학자 장영실은 1442년 세계 최초로 과학적 강우(降雨) 측정기인 측우기를 발명했다. 서양보다 약 200년 앞선 것이다. 이 측우기는 1837년 제작된 것으로, 공주의 충청감영(지금의 충남도청)에 설치되었던 것이다. 1915년경 일본인 기상학자 와다 유지가 일본으로 가져갔으나 1971년 환수받았다. | | | |
| 대구 경상감영 측우대 | 大邱 慶尙監營 測雨臺 | 서울 종로구 국립기상박물관 | 조선 18세기 | |
| | 조선 시대 측우기를 올려놓는 받침대로, 1770년 제작되었다. 화강암으로 만들었으며 높이는 46센티미터. 대구의 경상감영에 설치되어 있었으나 일제강점기에 조선총독부 관측소로 옮겨졌고 현재는 기상청이 소장하고 있다. | | | |
| 창덕궁 이문원 측우대 | 昌德宮 摛文院 測雨臺 | 서울 종로구 경복궁 내 국립고궁박물관 | 조선 19세기 | |
| | 조선 시대 측우기를 올려놓는 받침대. 1782년 정조의 명에 의해 창덕궁 규장각의 부속 건물인 이문원(摛文院) 앞에 설치되었다. 1910년경 이후 창경궁 명정전 앞에 설치되었고 지금은 국립고궁박물관이 소장하고 있다. | | | |
| 정선 정암사 수마노탑 | 旌善 淨岩寺 水瑪瑙塔 | 강원 정선군 정암사 | 고려~조선 17세기 | |
| | 고려 시대에 처음 쌓고 조선 17세기 다시 쌓은 모전석탑이다. 모전석탑은 돌을 벽돌 모양으로 다듬은 뒤 쌓은 탑을 말한다. 이 탑에 쓰인 돌들을 보면 매우 정교하게 다듬어 마치 벽돌과 흡사해 보인다. 정암사 적멸보궁 뒤편 암벽 위에 서 있으며 전체적으로 아름답고 제작 수법이 정교하다. | | | |
| 합천 해인사 건칠희랑대사좌상 | 陜川 海印寺 乾漆希朗大師坐像 | 경남 합천군 해인사 | 고려 10세기 | |
| | 신라 말~고려 초의 승려 희랑대사의 모습을 조각한 것이다. 현존하는 유일한 초상조각이다. 희랑대사는 태조 왕건의 스승으로, 후삼국 통일과 고려 건국에 큰 도움을 주었다. 이 작품은 앞면(얼굴, 가슴, 손, 무릎)은 건칠(乾漆)로 만들고 등과 바닥은 나무를 이용해 만들었다. 건칠은 칠을 적신 삼베를 여러 겹 붙여 만드는 기법이다. | | | |
| 기사계첩 및 함 | 耆社契帖 및 函 | 충남 아산시 개인 소장 | 조선 18세기 | |
| | 1719년 숙종은 기로소(耆老所)에 들어갔고 그것을 축하하는 행사가 열렸는데 이를 기념해 1720년에 만든 첩 형태의 책자다. 기로소는 은퇴한 70세 이상의 문신들을 우대하기 위해 설치한 관청이다. 숙종이 지은 글(어제, 御製), 서문과 발문, 행사 장면 그림, 참여한 신료들의 초상화와 축시 등이 들어 있다. 계첩을 보관하는 상자(함)도 포함한다. | | | |
| 이십공신회맹축- 보사공신녹훈후 | 二十功臣會盟軸-保社功臣錄勳後 | 경기 성남시 한국학중앙연구원 | 조선 17세기 | |
| | 숙종은 조선 개국 당시의 공신부터 숙종 때의 보사공신(保社功臣)까지 공신과 그 자손들을 모아 1680년 충성맹세를 받는 회맹제(會盟祭)를 거행했다. 당시의 회맹록, 20종의 공신과 그 후손 489명의 명단, 축문과 제문 등을 기록한 것으로 숙종의 국새도 찍혀 있다. | | | |

| 명칭 | 명칭(한자) | 소재지 | 시기 | 본문 쪽수 |
|---|---|---|---|---|
| 구례 화엄사 목조비로자나삼신불 좌상 | 求禮 華嚴寺 木造毘盧遮那三身佛坐像 | 전남 구례군 화엄사 | 조선 17세기 | |
| | 화엄사를 재건하면서 대웅전에 봉안하기 위해 제작한 불상이다. 1634~1635년 유명 조각승들이 힘을 합해 만들었다. 승려 580여 명 등 총 1,320명이 시주자로 참여했다. 삼신불은 비로자나불(毘盧舍那佛), 노사나불(盧舍那佛), 석가모니불(釋迦牟尼佛)을 말한다. | | | |
| 청양 장곡사 금동약사여래좌상 및 복장유물 | 靑陽 長谷寺 金銅藥師如來坐像 및 腹藏遺物 | 충남 청양군 장곡사 | 고려 14세기 | |
| | 1346년에 제작한 약사여래 불상과 그 몸속에 보관했던 유물(복장유물)이다. 금동불상은 전체적으로 조형미가 뛰어나다. 복장유물 가운데 하나인 발원문을 보면 약 1,100명에 달하는 발원자가 나온다. 이들은 저마다의 기원을 담아 불상 제작을 후원했을 것이다. | | | |
| 합천 해인사 법보전 목조비로자나불좌상 및 복장유물 | 陜川 海印寺 法寶殿 木造毘盧遮那佛坐像 및 腹藏遺物 | 경남 합천군 해인사 | 통일신라 9세기 후반 | |
| | 팔만대장경 법보전에 봉안했던 비로자나불상과 그 불상 속에 보관했던 복장유물이다. 목조불상은 현재 해인사 대비로전(大毘盧殿)에 봉안되어 있다. 현존하는 가장 오래된 목조불상이다. 보기 드물게 향나무로 만들었으며 전체적인 조형미와 제작 기법에서 모두 뛰어나다. | | | |
| 합천 해인사 대적광전 목조비로자나불좌상 및 복장유물 | 陜川 海印寺 大寂光殿 木造毘盧遮那佛坐像 및 腹藏遺物 | 경남 합천군 해인사 | 통일신라 9세기 후반, 고려~조선 초 | |
| | 해인사의 핵심 공간인 대적광전에 봉안했던 비로자나불상과 그 불상 속에 보관했던 복장유물이다. 9세기 후반에 제작된 목조불상은 현재 해인사 대비로전(大毘盧殿)에 봉안되어 있으며 당당하고 균형 잡힌 신체 표현이 돋보인다. 복장유물은 고려~조선 초기에 걸쳐 조성되었다. | | | |
| 익산 미륵사지 서탑 출토 사리장엄구 | 益山 彌勒寺址 西塔 出土 舍利莊嚴具 | 전북 익산시 국립익산박물관 | 백제 7세기 | 1권 138 |
| | 익산 미륵사지서탑의 해체 과정에서 2009년 출토된 금동 사리외호(舍利外壺), 금제 사리내호(舍利內壺), 금제 사리봉영기(舍利奉迎記), 각종 구슬 등의 유물이다. 얇은 금판으로 된 사리 봉영기에는 "639년 사택적덕의 딸인 백제 왕후가 재물을 희사해 사찰을 창건하고 사리를 봉안했다"는 내용이 새겨져 있다. | | | |
| 이순신 장검 | 李舜臣 長劍 | 충남 아산시 현충사 | 조선 16세기 | |
| | 충무공 이순신 장군이 사용했던 2자루의 장검. 모두 1594년 제작되었고 크기와 형태가 거의 같다. 길이 약 2미터. 칼날에는 이 충무공이 지은 시구 '삼척서천산하동색(三尺誓天山河動色, 석자 칼로 하늘에 맹세하니 산하가 떨고)' '일휘소탕혈염산하(一揮掃蕩血染山河, 한번 휘둘러 쓸어버리니 피가 산하를 물들인다)'가 새겨져 있다. | | | |
| 부안 내소사 동종 | 扶安 來蘇寺 銅鍾 | 전북 부안군 내소사 | 고려 13세기 | |
| | 고려 후기를 대표하는 동종(銅鍾)으로 1222년 제작되었다. 몸체의 높이는 105센티미터로, 고려 시대 동종 가운데 가장 큰 편이다. 몸체는 전체적으로 단정하면서도 우아하며 종 윗부분에 붙어 있는 용뉴(龍鈕, 용 모양의 고리)가 역동적으로 표현되어 있다. | | | |
| 삼척 죽서루 | 三陟 竹西樓 | 강원 삼척시 성내동 | 조선 18세기 | |
| | 관동8경의 하나로, 조선 후기를 대표하는 누정(樓亭) 건축물이다. 삼척에서 동해로 흘러가는 오십천의 암반 위에 세워져 있어 그 풍광이 빼어나다. 원래 고려 시대에 창건되었으나 재건 보수 증축을 거쳐 1788년 현재의 모습을 갖추었다. | | | |
| 밀양 영남루 | 密陽 嶺南樓 | 경남 밀양시 중앙로 | 조선 19세기 | |
| | 밀양 남천강의 절벽에 위치한 영남루는 조선 시대 밀양지역 객사(客舍)의 부속 건물이었다. 객사는 한양에서 내려온 관리들이 숙박하던 곳이다. 1844년 새로 지은 영남루는 양옆으로 부속 건물을 거느리고 있어 그 모습이 웅장한 데다 조형미도 빼어나며 주변 경관과 잘 어울린다. | | | |

재밌어서 밤새 읽는
**국보 이야기 2**

1판 1쇄 발행 | 2024년 3월 22일
1판 2쇄 발행 | 2024년 12월 4일

지은이 | 이광표

발행인 | 김기중
주간 | 신선영
편집 | 백수연, 정진숙
경영지원 | 홍운선
펴낸곳 | 도서출판 더숲
주소 | 서울시 마포구 동교로 43-1 (04018)
전화 | 02-3141-8301
팩스 | 02-3141-8303
이메일 | info@theforestbook.co.kr
페이스북 | @forestbookwithu
인스타그램 | @theforest_book
출판신고 | 2009년 3월 30일 제 2009-000062호

ISBN 979-11-92444-86-4 04910
      979-11-92444-84-0(세트)